# デザインセンスを身につける

ウジトモコ



ソフトバンク新書　174

# はじめに

人は最も多くを失ったとき、最も多くを得るといいます。

多くの尊い人命《いのち》、不動産に金融資産、技術先進国というイメージ……。私たちが失ったもののすべて、それらをここで実際に語り尽くすことはできません。ですが、それらは今、失っていない尊いものの存在、これから数十年にわたっての私たちの学ぶべき課題、本当に私たちにとって大切なものは何かを明確にしたともいえます。

加速するグローバリズムとインターネットテクノロジーは、私たちの社会をつなげて、さらに早く、小さくしていくという「新しい潮流」をもたらしました。これにうまく乗っかっていくのか、それともすっかり乗り遅れてしまうのかという岐路に私たちはいて、あなたもその「センス」を問われています。

「センスを問う」「センスよくこなす」という課題は、私たちデザイナーにとっての鬼門でもあります。小さな工場から、大きな企業から、闘志に燃える個人からも毎日のように「センスのよさ」は、求められます。それを「デザイン」というツールに盛り込んで、操縦可能な手段の一つとして、少なくとも私は納品し続けてきました。

前著『売れるデザインのしくみ』ではわかりにくいデザインの正解というものについて、どうしたらデザインは正しく機能するのか、その向き合い方やしくみについて詳しく解説しました。

けれども、多くの人にとってもっと重要なことは、そのデザインをセンスよく使うこと、あるいは自分自身がセンスよくなるためにはどうすればいいのか、そもそもセンスがよいとはどういうことなのか、ということではないでしょうか。

もはや「デザインセンス」は必修科目です。

本書はあなたがデザインについて感じているもやもやしたものを解消し、デザインについてしっかりと理解するために書かれました。

デザインを理解することは、ビジネスパーソン、学生、主婦、その他すべての人にとって意味のあることです。本書がデザイン専門書でなく新書として刊行されるのは、デザインに関心がある人はもちろん、そうでない人の手にも届くことを願ってのことです。

## ◉「鏡・剣・玉」

三種の神器《じんぎ》とは、日本の国のはじまりに、神から授かった三つの宝のことですが、高度成長期には「テレビ・洗濯機・冷蔵庫」がこれにたとえられました。

時代の変化とともに、今度はクーラーやデジタル機器などが「神器」にたとえられるようにもなりましたが、これは、あまり浸透してはいません。

今、私たちにとっての宝は「モノ」ではありません。

では、今日における「宝」とは何でしょう。

私はズバリ、知性や個性といった人間がもともと持っている「能力」や「魅力」であり、それを正しく使うことだと考えます。

もし、インターネットでの可能性を大切にするのであれば、自分の大切な宝をきちんと情報として開示するだけでも、加速度的にチャンスは広がっていくのです。これは、ビジネスでも、プライベートでも同じです。

ですから私は、「ツイッターやフェイスブックのアイコン、プロフィール、ハンドルネームなどはいい加減にしてはいけませんよ」「それらは三種の神器のように大切なものですよ」と、とその可能性や資産としての尊さを毎日のように説いています。

先日も、福島県いわき市のある会社の創業社長と次代を担う二代目にその「三種の神器」のたとえ話をしてきたのですが、「たしかにそうだ」と強く同意していただき、志を一つにしてきました。

「アイコン」は個人のポートレートすなわち「像」ですが、これは企業などであれば、ロゴマークをはじめ顧客とつながる「記号」、おのれを映す「鏡」そのものです。「プロフィール」は自己紹介のこと。企業であればビジョン、ミッション、ブランドヒストリーなどがそれにあたります。これは、「武器」つまり未来や可能性を切り拓く「剣」となります。

「ハンドルネーム」には、実名以外にペンネームや通称を使う方もいますが、企業なら、商品のネーミング、ペットネーム、愛称などがそれに相当するでしょう。名には「由来」という意味もあり、姿形をめったに変えない根源、「玉」と考えます。

とりわけ「センスの神」として、デザインの根幹に関わるのが「鏡」となる「アイコン」であるというのはいうまでもないでしょう。

企業のロゴマークや商品のパッケージデザインについてもいえることですが、本当のあなたが、いくら中身が優れていても「鏡」の役割とするところ、つまり像について無頓着であったら「センス」を疑われても仕方ありません。しかもこれらは、ただ派手に飾りつけたり、装飾の数を増やせばいいといった類いのものとは異なります。

デザインの仕事を突き詰めていくと、「いい香りの香水をふりかけること」や「かき集めてきた花びらを貼りつける」といったような、つまり「外から何かを持ってくる」ということだけでは、本当にいいデザインはできない、根本にある問題は解決できないということに気づかされます。

多少の傷を負うようなことがあっても、痛みをともなったとしても、自分の中にあるものを見つめ直すしか、本当の答えというものは見えてこない。内側から変えていく以外、道はないのです。

日本には新しい年を迎えると、その年の繁栄を祝う「鏡開き」という昔ながらの行事がありますが、これはまさに、未来の可能性は自らの力で開いていこうということ。生きていくための「センス」を常に磨いていくためには、あなたの中に眠る鏡を切り拓いて、開発をしていく必要があるのです（というわけで、本書ではまずはフェイスブックのアイコンの話から、デザインの基礎をスタートします）。

デザインがわかることは、もちろん、それ以外のさまざまな可能性を広げます。
わかりやすい書類が書けるようになるかもしれない。
印象的な写真が撮れるようになるかもしれない。
説明がうまくなれるかもしれない。
競合プレゼンに勝ったり、チームマネジメントにも役立つかもしれない。
ビジネスのアイデアもひらめき出してとまらないかもしれない。

実際、頭の中に次々と浮かんでくるそれらのアイデアをぜひ、次のステップであなたの生活やお仕事に生かしてください。それらを、あなたを助ける「戦略」にしてください。

デザインについて知ること、学ぶことは、今、決して逃してはいけない「流れ」をつかみそれに乗ることであると同時に、あなたの「幸せ」をデザインすることだと気づくはずです。

# 目次

## 第二章　なりたい自分をデザインする技術　55

## 第三章　プレゼンはデザインで勝負　113

## 第四章　デザインでブランドが育つ　141

第五章　デザインがわかると未来が見える　195

# 第一章　センスとは何か

## ◉デザインのセンスは「アイコン」に宿る

「学生時代の友人に20年ぶりに再会した」
「卒業してからも恩師とつながっている」
「今やメールや電話に変わる重要な連絡手段だ」

こういった話を最近よく聞くようになりました。フェイスブックやツイッターなどのソーシャルネットワーク（ＳＮＳ）は、こうした懐かしい人との再会ドラマを演出したり、ビジネスパーソンが人脈を増やそうとする際に、欠かせないツールになりつつあります。

ところが、一方でこんな声もよく耳にするようになりました。

「フェイスブックを開いたら上司の脂ぎった顔のどアップが現れて思わずブラウザを閉じた」
「初恋の相手を発見したけど、ただのおじさんになっていてがっかりした」

「何度か会ったことのある人の名前で友達申請が来ていたが、アイコンに写真が入ってないので本人かわからず、承認をためらった」
「尊敬する先輩だが、オタクっぽい二次元アイコンがいやだったのでアンフォローした」

『人は見た目が9割』という書籍が話題になったことがありましたが、今や、ファーストインプレッションの場は徐々にリアルからネットへ移行しつつあります。つまり、人の「評価」にまつわるような重要な判断を、ブラウザの中でたった200ピクセルほどのアイコン（しかも最高で72dpi）に託しているという恐ろしい時代が来てしまったのです。

それほど大事なアイコンですが、現実を見れば、犬や猫、あるいはネットで拾ってきた適当な画像をはめ込んでよしとしてしまう人のいかに多いことか……。
もちろん、自分の画像をアイコンにしている人もいます。しかし、実写アイコンの人の中でも、自分がどう見られるかをきちんと意識せず、毛穴も脂汗も見えているような写真を無頓着に（しかも、そういう人に限ってクローズアップで）使っているようなケースも少なくないのです。これらは「デザインリテラシー」あるいは「デザインセンス」の欠如以外の何ものでもありません。

自分の見せ方に無頓着というのは、企業活動に置き換えてみると、ロゴマークや、商品のパッケージデザインをいい加減にして、センスがよくないとわかっているのにほったらかしにしていることと同じです。

日本の企業ではさほど重要視されないことも多いのですが、欧米で商品戦略といえば、まずは「企業のブランド」をしっかりと浸透させ、その傘下にある製品をアピールする、という順序になっています。企業のロゴマーク一つをとっても常に他社との差別化戦略を考えて「見せて」いるのです。

インターネットグローバルな社会において、実際に成功している企業の多くが、デザインの上手な使い手であることを忘れてはいけません。

## ◉アイコンを変えたら誰だかわからない

フェイスブックやツイッターでは「一つの投稿に必ず一つのアイコンがつく」という特徴があります。ゆえに、いざ登録ということになった際に、誰もが「アイコン設定」の儀式を通過する必要があります。

人気ブログの書き手など、すでに「自分のお印はこれ」と決まっている人ならともかく、最初は「自分の写真を入れるなんて恥ずかしい」「かといって、どんなイメージにすればいいのかわからない」と戸惑う人が多いようです。

最近では、アイコンがさまざまなウェブページに登場するしくみも広まりつつあります。ニュースメディアや人気ブログのコメント欄にフェイスブックやツイッターが使われたり、そのページを気に入っている人のアイコンを並べて表示するものも多く使われるようになりました。

もし、あるページに自分の友達の顔がたくさん並んでいたとしたら、私たちはこのアイコン群を信頼度のあかしとして判断してしまうことさえあります。「○○さんも購読しているのだったら、このブログを購読しておこうかな」ということもあるでしょう。つまり、アイコンはグルメ雑誌や映画レビューにおける「星」の代わりにもなっています。もちろん、友達のつけた星ですから、赤の他人の星よりも強い影響力を持っているのはいうまでもありません。

アイコンが「評価基準の記号」となっているわけですが、これがもし、アイコンでなくて文字や数字の羅列だったらどうでしょうか。アルファベットの組み合わせが何十、何百と列挙されていて、一瞬で誰か知り合いを見分けることが可能でしょうか。受験生が合格発表の掲示板に貼り出された数字の羅列の中から、自分の受験番号を探し出すことを想像してみてください。自分の受験番号であればまだしも、友達の番号を探すとなれば、簡単ではありません。おそらく、一行ずつたどっていくか、読み上げのようなことをしなければ認識することはとても難しいでしょう。

私たちがアイコンを通じて「色や形」「表情や性別」「名前や所属」「発言の種類」な

どを瞬時に判断できるのは、アイコンがこれらの莫大な情報をそのまま抽象化しているため、それらを記号として記憶し、認識できるからです。

自分の名前などであれば、無意味な文字列よりはいく分探しやすくはなるかもしれませんが、やはり文字を解読する分の時間はかかります。やはり視覚で一瞬のうちに認知できるアイコンにはかないません。

ですが、「記号」として一度認識されてしまったアイコンは、その印象が固定してしまいがちです。実際には怖くないのに「怖い人」、実際はダサくないのに「ダサイ人」という「記号」として認識されてしまえば、その印象を拭い去るのはとても困難です。

アイコンの印象が薄いために、存在しているのに存在していないかのように扱われてしまうことだってあり得ます。

アイコンの写真が変わってしまったら誰だかすっかりわからなくなってしまったとか、ツイートをすっかり見逃してしまったというのは、実際よくあることなのです。

私の身近な例で紹介します。ツイッターやウェブサービスの書籍なども書かれているブロガーのコグレマサトさんが、きまぐれだったのか、いたずらだったのか、赤くて目立つハンコのアイコンを、友人が描いた線画のイラストのアイコンに変えたことがあります。

私ももちろんコグレさんをフォローしていますが、アイコンを変えていたことにまったく気がつきませんでした。コグレさん自身はいつものようにツイートを続けていたのですが、タイムラインを埋め尽くす見慣れぬアイコンをコグレさんのそれであるとはまったく思わなかったのです。

これは、別に私の注意力が足りないからということではありません。コグレさんと共著を何冊も出しているいしたにまさきさんでさえ二日間、コグレさんのツイートを見失っていたということです。普段使われているアイコンがとても目立つというのも、このような現象が起こった大きな理由かもしれません。

私たちは、頭の中で知らずしらずのうちに、いろいろな存在の「意味」(「大切な人」とか「それほどでもない人」とか)や「属性」(「ニュースの人」とか「単におもしろいことをいう人」とか)を「記号化」して認識しているということがこのツイッターのタイムラインでよくわかります。

### ◉猫の写真ではなぜダメなのか

「とてもいいことをツイートする人なのだけれどもアイコンが嫌いだからフォローしない」という人がいます。

これは、人間の「よい、悪い」では片付けられない、もっと直感的で皮膚感覚に近い「好む、好まない」が、「アイコン」と直結して「もういやだ」という結論を出してしまったからです。

また、「猫のアイコンはフォローしない」と宣言をしてしまう人もいます。

これは、猫のアイコン＝ノイズと直感することによる判断なのでしょう。

人間の顔であれば何種類でも「違う顔だ」と認識できますが、一方で、動物や植物を見分けられる人はごく限られています。猫がもともと好きで猫マニアのような人であれば、猫を種類、血統などでぱっと判断できるのかもしれません。ですが、多くの人は猫の写真からは「それが猫である」ということ以外の視覚情報を受け取れません。

つまり情報の開示が足りない、すなわち「見る」ことから「正しい情報」を得られないことでストレスにさらされるのです。

発言主が何者であるのかを瞬時に明確に示すのがアイコンの役割です。

そう考えれば、「記号」としてきちんと機能しなければ、逆にいえばたったそれだけのことで、人を不快や混乱に陥れる可能性があるのです。誰が誰だかわからないというようなことそれ自体が、人間にとってストレスなのです。

もちろん、猫アイコンに限らず、飼い犬、花の写真、あるいは夏休みに撮った海の写真であっても同じことです。

顔写真でなくても「誰が見てもこの人」と特定できればいいのですが、一目で誰だか判断できないアイコンはアイコンとして意味をなさないのです。

開示するべき情報がデザインされていないのですから、見る側に好感を持ってもらえるはずがありません。


これは何もツイッターだけの話ではありません。

「見せる」あるいは「見せることで伝える」ことはすべての表現行為に共通するものです。「相手の立場という視点」を持てるかどうかということは、デザインセンスの基本中の基本です。


「でも、フォロワーの中にも猫好きの人はいるだろうし、不快とは限らないじゃないか」という反論もあるでしょうが、そういう問題ではありません。

猫が嫌いだから不快なのではなく、写真を見ても誰だかわからないことが不快なのです。そもそもアイコンはアイデンティティ（「自分らしさ」としてずっと持ち続けられる統一感）なのに、そこに誰でも使えるビジュアルを使うこと自体がおかしな話です。

繰り返しますが、猫や犬だから悪いのではありません。アイコンが本人以外の、何か別の「記号」として捉えられてしまうというリスクを、あらかじめ強く認識しておく必要があるのです。


とはいえ、一方で、著名人といわれる方であっても、犬猫あるいはぬいぐるみ、イラスト、中には土瓶などいわゆる実写でないアイコンを使う方は数多くいます。

『日本辺境論』や『街場のメディア論』などの多くの著作で人気の哲学者・内田樹《たつる》さんは、ツイッターでは猿のぬいぐるみのアイコンを使っていますが、内田先生を好きでフォローしている人の多くは、これをすっかり「内田先生のツイッター」と認識してしまっています。

また、コピーライターの糸井重里さんもツイッターの開始当初は犬のアイコンを、2011年8月現在ではかわいいペンギンのアイコンを使っています。「三種の神器」

の鏡であるアイコン以上に名前とプロフィール（剣・玉）が圧倒的に強い人ならではのことです。

たくさんのフォロワーがいてツイートも人気があると自信満々な方であれば、どうぞ動物でもぬいぐるみでも使ってください。ただ、もしあなたがコピーライターであるとか、広告・マーケティング界隈でフォロワーを増やしたいという人であれば、やはりペンギンのアイコンを使ってはいけません。

糸井重里さんと属性の重なる集団（クラスタ）で、先人に似てしまったアイコンを用いるのは「二番煎じ」でしかありません。自ら格下げを宣言してしまうわけですから、クリエイティブな仕事を期待されたいのであれば、なおのこと遠ざけられてしまいます。

誰かがつくったもの、何かに似ているもの、つまりアイデンティティとして独立性を保つのが難しいものを安易にアイコンに設定してしまうことは「デザインやブランディングという知性」、つまり「あなたらしさについての差別化」に対する無頓着をさらしているのと同じことです。

とはいえ、顔写真をさらすのをどうしても避けたい人はいるでしょう。そういった人でも、似顔絵や自分のブログのタイトル、所属する関係団体のマークなど、ともかく何か「自分らしさ」を表す手がかりになるものは持っているでしょうから、そこに注目するとよいと思います。

ただ、ここでも、有名人のアイコンと似たタッチのイラストや3Dのアバター（分身）を使うのは考えものです。見る側はせいぜい「あの人の真似か」「アメーバピグを使っている人か」と思う程度で、アイコンと本人は意外と結びつきにくいものです。

絵画にそれぞれ主題やエピソードがあるように、アイコンにもそれはあります。だから、「たかがツイッター」「たかがフェイスブック」とあなどらず、アイコンにはあなたの「名」や「生い立ち」に恥じないものを選ぶべきです。

この「背景（目標）」から「印象（ゴール）」へ、理由があってしかるべきものが生み出される発想のプロセスそのものも、デザインにほかならないのです。

アイコンに限らず何かと他人のすることを真似したがる人というのはよくいますが、これはそもそも「自己のデザイン」を放棄しているのと同じです。「自分にはセンスがありません」と、わざわざ触れ回っているようなものです。

## ◉デフォルトのままだとスパムに見える

ただし、「そうか、そんなに重要なことなら慎重に検討してからアイコンは差しかえよう……」などとは、どうか思わないでください。図を見ていただければおわかりのように、ツイッターやフェイスブックにはあらかじめ「ダミー」のアイコンが入っています。

よく、アイコン選びに悩んでしまうのか、この「デフォルト」（２０１１年８月現在、ツイッターではタマゴ型）のまま、長いこと使用する人がいますが、これは犬や猫のアイコン以上におすすめできません。

どこの誰だか特定できないだけでなく、いわゆる「捨てアカウント」などといわれるような、他人を誹謗中傷したりスパムを送るためだけにつくられたアカウントの多くはデフォルトのアイコンだからです。

今やデフォルトアイコンを見て「手を差し伸べてあげるべき初心者」であるとか「タマゴ好きな人」などと思ってくれる人はいません。

「身元をあえて隠して心無い発言をする無責任で卑怯な人々」と同じアイコンを使うということで、何か得をすることが一つでもあるでしょうか。今すぐに、オリジナルアイコ

デフォルト（初期設定アイコン）は「スパム」っぽい人と間違われたり
海や猫写真は「誰」だかわからなくなってしまう人もいるので注意を！

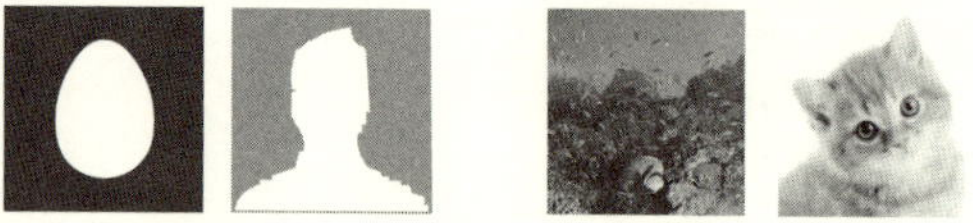

ンに変更することをおすすめします。

## ◉ワンキャッチワンビジュアル

広告の世界では「王道」とされているコミュニケーション手法の一つに「ワンキャッチワンビジュアル」というものがあります。一つの決めゼリフには、何枚もの絵をくっつけるよりも一枚の絵で勝負するという意味です。

本章の冒頭でも触れましたが、ツイッターなどのミニブログを含め、主流のソーシャルメディアでは一つのメッセージに一つのアイコンがつきます。

情報伝達のスキルを学んだことがない人の中には、たくさんのコピーやメッセージを詰め込めば詰め込むほど自分の思いが伝わる、いっぺんにいえばいっぺんに伝わると勘違いしている人もいますが、それは間違いです。

ツイッターでも140字の字数制限ぎりぎりまで、いくつかのテーマをまたいで一度にツイートしている人を見かけることがあります。

　その人に特別な関心を寄せている人ならばまだしも、そうでない人にとって、このようなツイートはもはやノイズでしかなく、文章というより文字のかたまり、つまり「ただのグレースペース」となって見えてしまいます。

　相手を考慮して、負担をかけずに何かを伝えたいと思うのなら、一つのツイートに一つのメッセージを。多くを詰め込みすぎないということは、基本中の基本です。


一度に発信する情報量を膨大にしていくこと

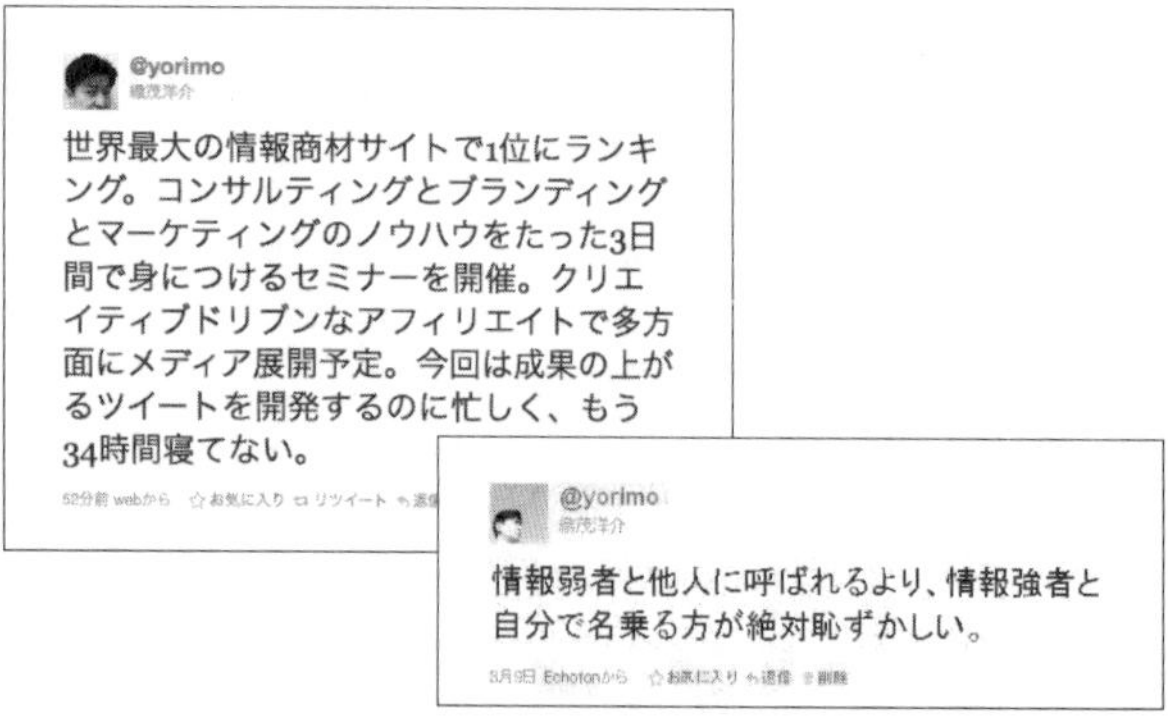
@yorimo
世界最大の情報商材サイトで1位にランキング。コンサルティングとブランディングとマーケティングのノウハウをたった3日間で身につけるセミナーを開催。クリエイティブドリブンなアフィリエイトで多方面にメディア展開予定。今回は成果の上がるツイートを開発するのに忙しく、もう34時間寝てない。
@yorimo
情報弱者と他人に呼ばれるより、情報強者と自分で名乗る方が絶対恥ずかしい。

▲情報を詰め込みすぎると内容を読み込む以前に「文字のかたまり」と認識され、ノイズとして拒絶されてしまう。ツイートは簡潔に

は、伝える側の欲求を満足させる一方で、情報を受け取る側にとっては、負担となってしまいがちです（アイコンやプロフィール、ハンドルネームなどがしっかりできていたら、そもそも省いてしまってもいい情報だってあります）。

「相手に伝わる」ということは、伝えたい気持ちと同じかそれ以上に大事なことなのですから。


ワンキャッチワンビジュアルというのは、絵と言葉の組み合わせが、ただのそれを超える可能性を示しています。つまり、1＋1を3にも4にもしてしまうのです。

2008年に出した『視覚マーケティングのススメ』にも書いたことですが、コピーとデザインは補い合い、そして助け合うということができます。両者があいまって、たとえ少ない情報量であっても人間の心の琴線に触れる大きな感動や、深く考えざるを得ない重大なテーマについて瞬時に伝え得るのです。

## ◉同じビジュアルで異なる印象

ツイッターとフェイスブックの話ばかりで戸惑っている方もいらっしゃるかもしれません。しかし、繰り返しになりますが、アイコンすなわちおのれを映す「鏡」を相手に配慮しながらどう見せていくか、これこそ「デザインセンス」そのものなのです。

実際、私が講師を担当するデザインのセミナーなどでもこういったフェイスブックなどのアイコンを例に用いて、デザインやビジュアルの基礎知識を学んでいただく機会は増えました。これらは本来、デザインの学校ではフォトディレクション（写真をどうやって撮ればよいのか）、トリミングとレイアウト（撮った写真はどうやって見せるのが効果的なのか）といった講座で学ぶものです。

これらデザインの「見せる技術の基本」と広告の「伝える技術の一つ」を組み合わせれば、たとえば同じ写真でもまったく印象が変わります。しかも誰にでも簡単に試せて、実感として納得していただけるということはいうまでもありません。

具体的に見てみましょう。次のページの二つのツイートに注目してください。写真のトリミングが変わると「ことばの強さ」も変わってくる様子がわかると思います。

上の図は、思い出を懐かしんでいる雰囲気なのに、下は、思い出して強く確認するような印象の差が出ています。ちなみに、大きく近づいた顔を見せれば（これをフェイス率を上げるといいます）、対象との位置関係は近くなり、「いい放つ感じ」は強くなっていきます。悪くいえば「押し」が強まる感じです。

この同じ写真をぐんと引いて、全体像を見せるようにしていくと、控えめでおだやかな物言いをしているように感じたり、もともと考え深い人であるような印象になっていきます（少なくとも押しつけがましい感じは抑えられます）。

フェイスブックなどでは、写真の形状によっては、サムネイル（サムは親指の意。ミニアイコンのこと）がうまくトリミングされず、超どアップになってしまうことがあります。控えめで言葉使いには普段とても注意しているにもかかわらず、「強い口調でいい放つ人」と勘違いされてしまうこともあるのです。

▲ツイッターアイコンのトリミングの差

アイコンの話から少し離れて、ビジュアルとコピーの関係を見てみます。

次のページの図は、「ワンキャッチワンビジュアル（コピーとビジュアルの組み合わせ）」テストです。同じコピーでも、組み合わせる画像によって伝わるニュアンスやシチュエーションはどんどん変わっていきます。

「人生とは、旅のようなものだ」というコピーは共通ですが、サンプル1は途方にくれている感じ。サンプル2は肩で風を切って歩く感じ。サンプル3は、懐かしさや再会をイメージするものになっています。

ツイッターでは、「おはよう」や「おやすみ」のようなただのあいさつも、世界同時株安の脅威も、輝く満月の美しさも、そのアイコンとともに記憶に吸い込まれていきます。

たとえば、誰でもがつぶやける「おはよう」を例にとってみましょう。皆の「おは

サンプル1

サンプル2

サンプル3

▲同じコピーでも画像が変わるとニュアンスが変わる

よう」のニュアンスは同じでしょうか。

きっと、同じではないはずです。それぞれの世界観と個性が、「おはよう」というツイートとアイコンのワンキャッチワンビジュアルで表示されているはずです。では、「おやすみ」はどうでしょうか。アイコンが笑顔であれば、「おやすみ」はやさしい笑顔のおやすみになるはずです。

あなたの「おはよう」は、どんなおはようだったでしょうか。

それはあなたという人物と日頃のつぶやき、そしてあなたのアイコンで「デザイン」されている「おはよう」なのです。

## ◉アイコンはあなた証明書

ツイッターやフェイスブックに代表される新しいツールは、今まで大きな企業の広報やテレビ局の人など特別で限られた人たちのものであったリアルタイムの情報通信を普通の人々に開放し、メディアの概念を大きく拡張しました。

また、旧友との親交を深めたり、個人的な人脈を育てていきたい人の中には、これらの新しいツールに期待を寄せる人も数多くいます。

いずれにせよ、どのサービスにしても、情報伝達のしくみがとても簡単になっていることに気づきます。それぞれに特徴はあるものの「効率よく何かを伝えること」に注力され、それにかなったデザインが採用されているのです。

たとえば、フェイスブックのメッセージ機能をメール代わりに使ってみると、件名入力欄なんてそもそもないし、発信者を示すのはアイコンだけで、メールとは、漂う雰囲気も少し違うことにすぐ気づきます。

これは、メールの読み書きが負担になっている人にとっては「ストレスが少ない」と感じられるデザインです。

件名や署名欄はないのに、アイコンは一つのメッセージに必ず一つ。メールで行っていた「儀式」的なものがすべて割愛され、発信者という情報はアイコンに集約されます。これは、名刺の代替ともいえます。

「顔写真やアイコンが名刺の肩書き代わりになるわけないじゃん」といいたい方のために補足しますが、これはもう欧米ではごくあたりまえの光景です。欧米のソーシャルメディアにおけるアイコンの名刺化は著しく進んでいます。

先日、グローバルな人脈を持つ友人にフェイスブックのホーム画面を見せてもらったのですが、そこに並ぶCEO、プランナー、コンサルタントなどと肩書きのついた人々のアイコンは、誰もがこれでもかというほどに、自己演出に余念がありません。まるでメンズファッション誌の『ルオモヴォーグ』を見ているようでした。

ごく普通の（というと語弊があるかもしれませんが）ビジネスパーソンにしても、アイコンへの力の入れ具合は、日本のタレント名鑑のレベルに遜色ありません。きちんとフォトディレクション（第二章で説明します）されていて、太陽の明るい光で爽やかさを演出したり、わざと陰を強調した印象的な構図から浮かび上がるような上目遣いにドキリとさせられたり。またポーズも「ハリウッド男優」のようにばっちり決まっていて、組織の上層部で経営に関わるエグゼクティブだとか、知的なビジネスのエキスパートだとか、立場がとらえやすいように、かつ個性もきちんと表現しているのです。

これら、欧米のエグゼクティブアイコンをずらりと見渡す限り、日本とは、かなり大きな格差を感じます。

日本でも、精一杯のタレント気取りで白バックのスタジオで撮影しているビジネスパーソン風のアイコンを見かけることはありますが、胡散臭い雰囲気が漂う人（フォローすると怪しげなセミナーの案内をダイレクトメッセージで送ってきそう）ばかりで、欧米のレベルには遠く及びません。

## ◉デザインセンスのいい人

デザインに力を入れたら入れたで、完璧を追い求めるあまり、隙のない、逆にいうと格好つけすぎの画像に行き着くという方も少なくないでしょう。

本書の冒頭で三種の神器の話をしましたが、アイコンは、もちろん見栄えがいい方がいいに決まっています。でも、最も大切なのは、あなたという「本体」（これは、きっと、プロフィールに記載されていることでしょう）と、あなたらしい発言内容と、これらの関係性が、アイコンとともにきちんとデザインされているかというところにあります。

最近は、さすがにあまり見かけなくなりましたが、バブルの頃というのは、中身（たとえば、専門性、教養、生い立ち、ストーリー）にかかわらずとにもかくにもブランド品で身を固めて、「ブランド」に着られてしまっているような人が本当にたくさんいました。これは、つまり簡単にいうと、「洋服は目立つけれども本人はあまり格好がよくなっていない状態」のことです。

デザインされすぎた家具にかこまれてくつろげないグラフィックデザイナーがいました。これも、実に本末転倒です。本来であれば、自分自身が最大限に力を出せる環境（人間関係も含めて）を生み出すこと、自分の望む人生をデザインすることに注力すべきなのに……。

つまり、デザインを大切にするということは「デザインされた何かを買って来て身につければ終わり」というものではないのです。

VANヂャケットの創業者で日本にアイビールックを広めたことで知られる故石津謙介さんの講演を聴講したことがあります。日本のファッション史、ライフスタイルというものに大きく貢献し、影響力も強かった石津さんですが、当時すでに、80歳をとうに超える高齢でした。しかしながら、そのファッションセンスに、何よりも「粋」だと当時感じたのは、一見、普通のアイテム（ネイビージャケットにコットンパンツとか）の着こなしなのに、いわゆる見慣れたアイビースタイルではなく、とてもシャープで現在的に見えたということです。

引退間近の、むかし流行ったファッションを若い世代に押しつけるおじいさんではありませんでした。おしゃれで格好いい、現役のファッションコラムニストとして、背筋を伸ばして講演をされていました。独特の雰囲気が醸し出していて、アイビースタイルをたとえ知らない人であっても、その場にいた人が皆「石津さんは格好よくておしゃれだ」という思いを共有していたのではないかと思います。

当時の講演の様子を、今でもよく覚えているのですが、ＴＰＯをわきまえ、そのとき、その状況、その相手に対して考えをめぐらせて、人生に一度限りのそのシーンにふさわしい格好をすることが本当のおしゃれだ、というような内容で、熱弁を振るっておられました。

たとえば喪服一つにしても、「ただ黒ければいいってモノじゃない」と、お話をされていました（黒い服を着るかどうかではなく、黒い服を着ていればいいというわけでもなく、喪主のことを考えて、いちばんふさわしい服装をするべきというようなお話でした）。

今、何のために、誰のために、なぜそれをやっているのかということが明快であること。それが本当のおしゃれだというわけです。

石津さんが本来ビジネスとして扱っていたものはもちろん、ファッションです。ですが「マドラスチェックシャツにはチノパンを合わせて……」というような決まりごとをたくさん暗記してもらって、皆に同じ格好をしてほしいとは思っておらず、服装によって相手を思いやる、気遣うという「センス」を伝えたかったのではないでしょうか。

何を着たら、相手はどう思うのか。どんなおしゃれをしていったら、相手は喜んでくれるのか。それを、自分自身に問いつめて、まずは自分から変える。決して独りよがりになることなく、思いやりと気配りというセンスを、ファッションに託して見せる。それが、実際には、高齢である石津さんを格好よく、誰よりもセンスよく見せていたのではないかと思います。

「デザインセンス」のいい人のやっていることというのも、そういうことなのです。

## ●個性を判断する「センス」

私はちょうど「ちびまる子ちゃん」世代だと思うのですが、東京の目黒区東山という場所で生まれ育ち、地元の小学校に通って過ごしました。
忘れられない子供の頃の思い出に「節分の鬼面」の話があります。

2月の節分行事に向けて、鬼の面を図画工作でつくっていたのです。当時の小学校では、課題作製には、必ず「参考作品」がありました。つまり「赤鬼をつくるのなら角一本で……」「青鬼をつくるのなら……」という評価の基準をめがけて、皆が似たような作品をつくることになるのです。

美大を出た母と当時テレビ局で制作に携わっていた父に育てられ、もともとユニークさをよしと教えられていた私は、参考作品とはほど遠い、(今でいえば「もふもふ系」とでもいうのでしょうか) 髭なのか体毛なのか、ともかくなんというか、もしゃもしゃの毛で覆われた、怖いというよりも愛嬌たっぷりのオリジナル鬼面を意気揚々と「創作」しました。

けれど本人の満足度とは裏腹に、図画工作としての点数はたいそう低いもので、子供心にがっかりと意気消沈していました。

私は今でも覚えているのですが、そのとき、母はこうたしなめたのです。

「こんな、おもしろい鬼面を評価できないなんて、センスのない先生ねぇ」

つまり、先生にとっての評価基準は「参考作品の射程範囲」であり、母の評価基準は「見たこともないおもしろさ」だったのですね。

このとき私が創作した世の中にたった一つの「もふもふ鬼面」を「おもしろい」と評価してくれた変わり者の母にとても感謝しています。

高度成長期には、国そのものが急成長を遂げていましたから、その波に乗っていくことは前提として大切なことでした。つまり、足並みが揃っていないことの方が「リスク」という時代だったのですから、それは仕方がなかったかもしれません。

ですが、時代は今、変化の流れの中にあって、価値観も変わっています。あなたの中のユニークさの芽を摘んでしまってはいけません。

あなたが「変わっている」というのは、創造性を発揮するという場面においては、とても素敵なことであり、それ自体が評価されるべきことなのです。皆がもしも同じだったら、あなたという存在自体危うくなる時代なのですから。

## ◉三種の神器は「見せる」「伝える」コミュニケーションのフレームワーク

三種の神器のたとえ話は、「宝物」にはそれぞれ意味がある、ということを私たちに教えてくれます。「鏡」はたしかにとても素敵なのですが、「剣」も「玉」も三つとも揃うからこそ宝なのです。つまり「デザインだけ」では、「デザインの最大の力」を出し切ることは難しいのです。

私は、非言語（ノンバーバル）コミュニケーションである「デザインの威力」について誰よりも信じている現場デザイナーではありますが「デザインさえよければすべてがうまくいく」というデザイン至上主義者ではありません。

できることなら、その「宝」の力を最大限に生かしたい、最大出力を出したい、と常に願っているので、デザインとセットになるコピーやプロモーション企画も同じように大切にしたいのです。

ですから、そのグランドデザイン、すなわち全体像をつかんでおくことはとても大切です。「今回は企画がメインでデザインは援護射撃だよ」というときもあれば、デザインに最大の仕事をしてもらうためにあえて、コピーが「沈黙」という戦略をとるときだってあるでしょう。

本来、デザインとはめざすゴールがきちんと定められていてはじめて、「宝」を生み出すものにもなりますし「戦略」にもなります。また、未来に向かって、ずっと使い続けていけるものを提案できれば、それは確実な資産になり運用ができます。

たとえば、これをアイコンの話に置き換えていえば、さまざまなサービスで共通のハンドルネームとアイコンを使っていれば、長期間それを続けることで（もちろん、ツイートの内容にもよりますが）、それが友達（フォロワー）にとって特別な記号になっていくのです。これはもう「資産」といってもいいかもしれません。

## ◉デザインセンスを磨くということ

デザインはさまざまな場面であなたを助けてくれる一つの「ツール」です。グラフィックデザインはもちろん、ファッションデザインもあれば工業デザインもあります。コミュニケーションデザインといった、目に見えないものもデザインの対象となります。いずれにしても、結局「デザインする」ということは、そのデザインされる何かの「らしさ」を際立たせるということなのではないかと思うのです。

あなたらしい個性が光るデザイン、シンプルで使いやすさを重視したデザイン、企業と生活者の相互理解を促すためのデザイン……。

デザインとは機能美だというい方がありますが、これは、デザインされるものの本来のあり方が素直に再現されているということでもあります。使えない、効かない、使いづらい、効果が見えにくい……そういったものは、残念ながら「デザインされていない」ものの種類に入ってしまうのです。

なお、決して誤解してはいけないのは「デザインと装飾は違う」ということです。個性を強調するために「飾りつけている」ということではなく、むしろ飾っていないのにもかかわらず、「らしさ」が出てくるような営みがデザインなのです。

デザインセンスを身につけたいと思うなら、自らを飾り立てるのではなく、まず、他と間違われてはいけない自分というものをしっかりと意識し、何が自分の強みなのかを考え、ただ「自分らしい」だけでなく、相手が「価値」を感じる「自分らしさ」を認識しておかなくてはいけません。

そのための訓練として、ツイッターでもフェイスブックでもいいのですが、自分自身のメディアというものを持ち、自分ならではの知識や魅力、つまり「らしさ（個性）」というものを表現することから始めてみるのは、悪くありません。私自身もむしろ、今、これをやっておかなくてどうするの？　というくらいの勢いで、クライアントや周囲の知人にはおすすめしています。

この本でたびたびアイコンの話をするのも、見せたい自分、間違われてはいけない自分を表現することがデザインの原点だと思うからです。

# 第二章　なりたい自分をデザインする技術

## ◉見せたい自分を見せる技術

第一章では、フェイスブックやツイッターのアイコンなどを例に、デザインの核心すなわち「自分らしさを見せる」ということについて説明してきました。

これを主題、つまりメインテーマとするならば、第二章では、そのメインテーマから一歩進んで「どうやって見せるか」「どう見せたら最も相手に伝わるのか」というコミュニケーション技術について説明をしていきましょう。

グラフィックデザインに話を限っても、写真撮影のディレクション、色使い、書体の選び方などさまざまな要素があるわけですが、デザイナーはそれらを「ただなんとなく」「感性に任せて」行き当たりばったりに行っているわけではありません。構図の取り方やライトの当て方など、それらの技術の一つひとつには「意味」があります。

デザインセンスに自信のない人は、デザインとはデザイナーの「ひらめき」や「感性」から生まれるものと考えがちですが、技術ですから、正しく学べば誰でも必ず身につけられるものです。

センスを磨く第一歩は、何よりもデザインを意識するところから。「デザインの勉強なんて自分には関係ない」などといわず、まずは見て、感じることから。それでは、さっそく始めていきましょう。

## ◉美しいデザインのルール——黄金比と三分割法

まず、「黄金比」の話をしましょう。黄金比とは、人間が最も美しいと感じる長方形のタテヨコの比率（1対1・618）。次ページの図のように、正方形の底辺の中点Aから角Bまでを半径として円を描いたとき、底辺を円との接点まで伸ばしてでき上がるのが黄金長方形です。黄金長方形から、短辺と同じ長さの辺で描かれた正方形を取り除くと、残った長方形も黄金比になるという特徴があります。

プロダクトデザイナーなどは、こういった比率に配慮したデザインを心がけることも多いでしょう。

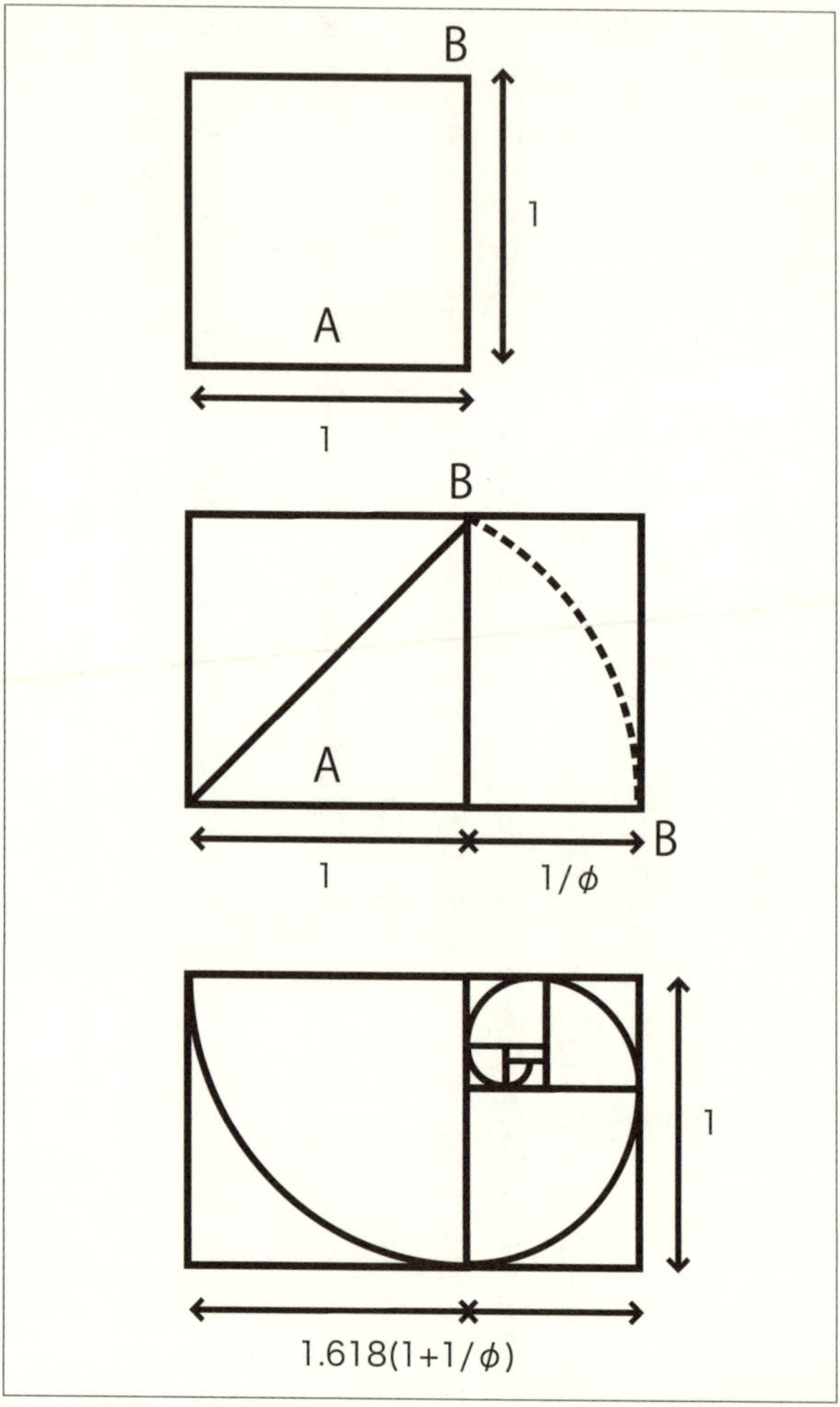
B
1
A
1
B
A
B
1
1/$\phi$
1
1.618(1+1/$\phi$)

また、グラフィックデザインでも、印象に残る写真に黄金長方形を分割したグリッド線を重ね合わせてみると、対角線になるところにビジュアルのポイントが置かれているということは多いようです。

次のページの写真は、東海大学教授の芦田宏直さんです。哲学と教育がご専門で、ツイッターでの積極的な発言で知る人ぞ知る存在です（アカウントは@jai_an）。ヘーゲル、フロイトからアンチコミュニケーション教育、アンチキャリアウーマン、はたまた愛車自慢やおいしいうどんの評論まで、歯に衣着せぬ物言いが人気の芦田さん。そのアイコンに使われている写真に黄金比グリッドを重ねると、ちょうど黄金螺旋と重なります。

アンチも多い一方で、芦田さんが世代をまたいで多くのファンの心を捕まえていることも事実です。アイコンが醸し出す「戦う教育者」のオーラ（後ほど詳しく述べるトーン・アンド・マナー）が、差別化のシンボルとして、しっかり機能しているのですね。

黄金比に似た考え方に「三分割法」があります。三分割法は画面のタテヨコを三分割して、真ん中にできた長方形のクロスするところにビジュアルのポイントを置くという方法で、写真や絵画教室の定番です。

黄金比と三分割法はバランスのよさで知られています。先ほどの芦田先生のアイコンは、三分割法で見ても、視点のポイントがきちんとグリッドに重なっており、計算され尽くした構図になっているのがわかりますね。

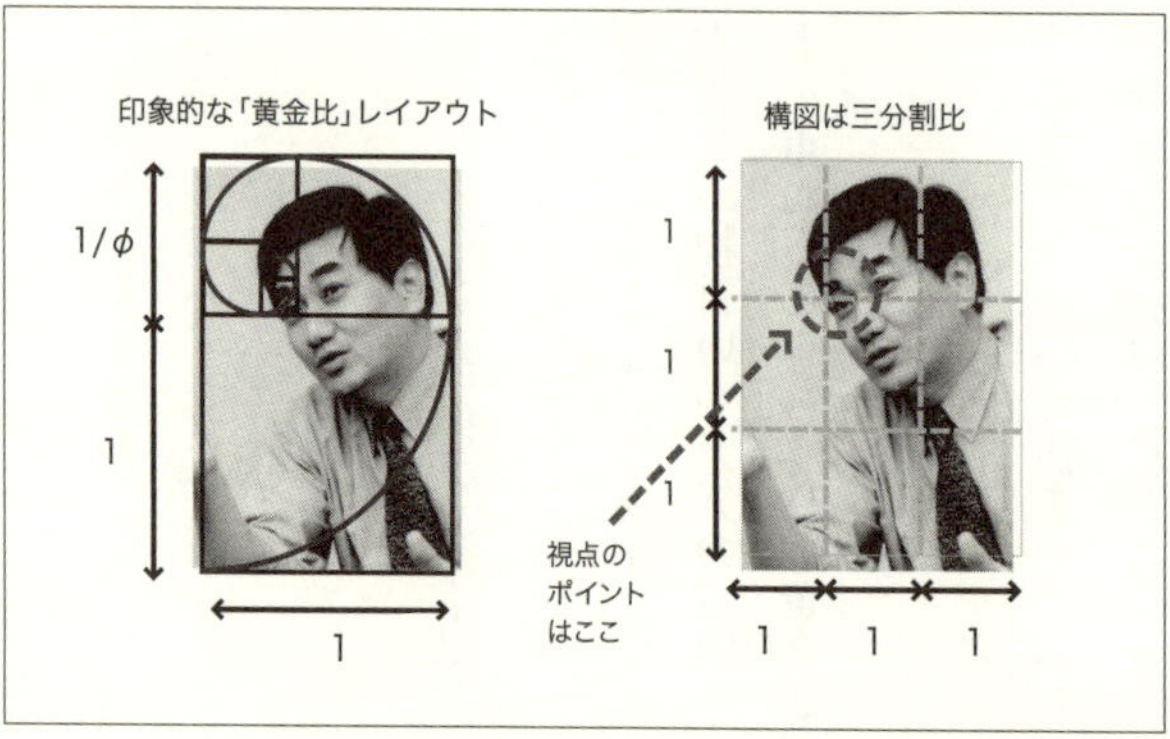

実は、私のアイコンも、偶然なのですが三分割法になっています。

デザインの根本はアイコンにありと唱え、この本でもずっとそれをいい続けているわりに、メイクもほどほどで、まるで気合いが入っていないアイコン写真なのですが、それでも普段からよく「ウジさんのツイッターのアイコンは、すぐにわかるよね」といわれます。

目立つのはやはり構図の力。

「部分よりも全体感」が印象をつかさどる大きなポイントであることを覚えておきましょう。

三分割法と黄金比は似ている

## ◉目立つコツは「構造に逆らう」――構図の力

実際には、デザイナーは黄金比のスケールをあててデザインをしているわけではありませんが、美しい構図を求めていくと、結果的に黄金比や三分割法に近づいていくということにはなるようです。

構図には、主題を強く見せるという効果があります。これの応用で、「構図」のことを知っていると、けばけばしい色やびっくりするようなビジュアルを使わなくても「とても目立つことができる」ということをお伝えしましょう。

ツイッターにおいて、「なぜか目立つアイコン」があります。特に奇抜な色を使っているわけでもなければ、奇をてらったようなビジュアルがあるわけでもないのに、目の中に飛び込んでくるようなものです。こういうケースは多くの場合、「構図」や構図が持つ「方向性の力」と関連があります。

典型的なのが、ジャーナリストの上杉隆さんでしょう。元議員秘書の経歴を持ち、政界の中枢へ鋭く切り込む一方、記者クラブ批判の論陣を張るなど活躍目覚ましい上杉さんは、ツイッター上でも25万人近いフォロワーを抱える人気者です。あるときは東京電力の記者会見に、またあるときはゴルフ場に現れたりと八面六臂の活躍ですが、デザイナーの視点から見ると、ツイートの内容と同じくらいに、アイコン自体が強い存在感を発揮しているといえます。

これは、左下から右上にひょいっと飛び出ているような写真の構図と、もともとのタイムラインの「流れ」に関係があります。

ツイッターのタイムラインは、上から下に流れていく設計になっていますが、上杉さんのアイコンは構造の流れに常に逆らって、斜め上に向いているのです。この動きは、とても目を引きます。

▲上杉隆さんのアイコンは「登場感」抜群

あたりまえのことですが、もともと何か伝えたいことがあってつぶやいているのであれば、タイムラインで自分のアイコンが目立たないのは、とてももったいないことです。

ほんの少し構図に気を使うだけで、同じことをつぶやいていても、驚くほど目立ち方が変わってきます。

構図の取り方一つで目を引くことができる。これはもちろん、ツイッターに限った話ではありません。構図は絵や写真で主題を美しく、あるいは強く印象づけるためのとても重要なポイントです。

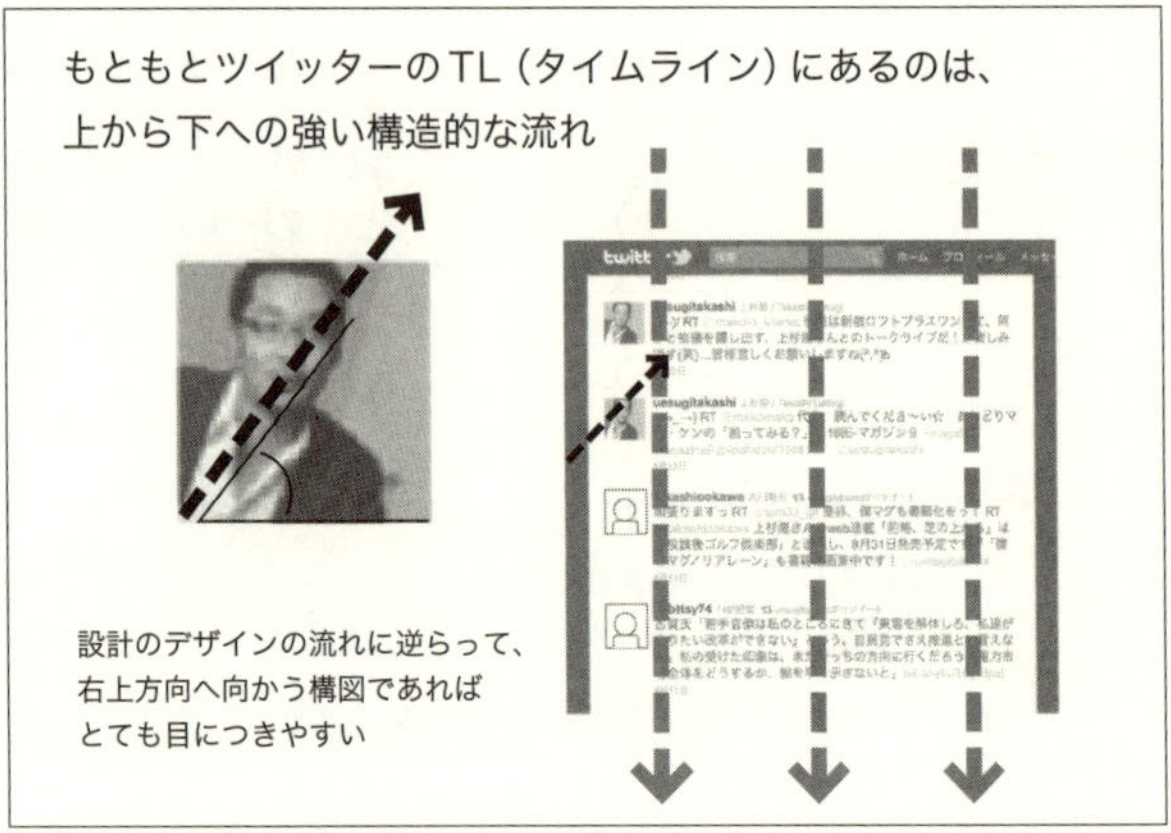
もともとツイッターのTL（タイムライン）にあるのは、
上から下への強い構造的な流れ
設計のデザインの流れに逆らって、
右上方向へ向かう構図であれば
とても目につきやすい

## ◉顔出しNGでも「自分らしさ」は出せる

ツイッターのアイコンを例に、構図がとても大切であるというお話をしましたが、「写真が苦手」「顔を出すのはどうしても抵抗がある」という人も、もちろんいるでしょう。

広告のアイデアやパンフレットの表紙でも同じことがいえるのですが、デザインの「モチーフ」（題材）という意味で考えれば、写真以外にイラスト（キャラクター）を使ったり、グラフィック（図案）やタイポグラフィー（ロゴ）でもいいのです。

ですが、ウェブ時代のトーン・アンド・マナーという視点からいえば、きちんと情報が開示されているという意味でやはり写真アイコンがおすすめです。

組織を代表している場合には、ロゴや団体のマークを使うの

| 写真 | イラスト | タイポグラフィー | グラフィック |
|---|---|---|---|
|  |  | 売れるデザインのしくみ | 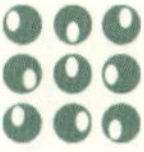 |
| 情報として機能する写真 | 「差別化」できるイラスト | タイトル、ショップ名など | 会社のロゴマークなど |

もいいでしょう。企業や、個人でも人気ブロガーなどで、すでになじみのあるキャラクターを持っているという人は、もちろんそれを使えばいいと思います。

ただ、そうでない人にとって、イラストやグラフィックは「チャレンジ」になることを覚悟しておきましょう。グラフィックのアイコンでは、人が話しているようなぬくもりは伝えにくいですし、イラストは、同じタッチのものを使っている人がすでにいる場合、ただのモノマネになってしまいますから。

## ◉見せるものを決める――ライティング

さて、「おすすめはやはり写真」と書きましたが、プロのカメラマンが撮った写真と素人のそれの決定的な違いの一つが、光の当て方に対する意識の差です。

同じ素材でもライティング一つでものの見え方はまったく変わります。人物であればなおのこと。自然な感じを出したいのであれば、あまり陰影がつかないようにやわらかい光（光源をトレーシングペーパーなどで拡散させます）を当てる手法は王道です。

社会保険労務士の井寄奈美さん（@iyorinami）のツイッターのアイコンは「まわった光」のよい例、デザイナーの名児耶秀美さん（@hideyoshinagoya）のアイコンは自然光っぽいサイドからのやわらかいライティングで、人柄の温かさをうまく引き出している例です。

もちろん、個性を演出するためにサイドから強い光を当てて、構図の半分ぐらいを真っ黒に落とすといった手法もないわけではありません。この次のパートで紹介をする「アングル」と組み合わせれば、オリジナリティにあふれたアイコンになりますね。

## ◉視点が語る――アングル

構図をつくるために強く関わってくるのが「アング

自然光（太陽光）を意識した写真（@hideyoshinagoya）

光がまわったアイコン写真（@iyorinami）

▲やわらかいライティングで温かい人柄を引き出す

ル」、つまり写真や絵画、イラストなどをどの角度から見て撮ったり書いたりするかという技術です。

アングルはまず、目の高さ（視点）によって大きく二つに分けられます。ハイアングル（上から見る）とローアングル（下から見る）です。


ハイアングルとは、カメラが被写体より高い位置から撮影する構図を指します。このハイアングルの中でも特に真正面気味でない、斜め上からの構図は全体像・機能的価値の把握に適しており、商品（製品）カット、カタログカットアングルなどとも呼ばれます。日本のメーカーが多く好む保守的なアングルです。

一方、カメラが被写体より低い位置から撮影する構図をローアングルといいます。モノの足元に近寄り、見上げながら撮影するアングルなので、迫力のある映像や写真となることがほとんどです。存在感を演出しようとする多くのブランド品が製品カット、広告カットに「ローアングル」を採用しています。

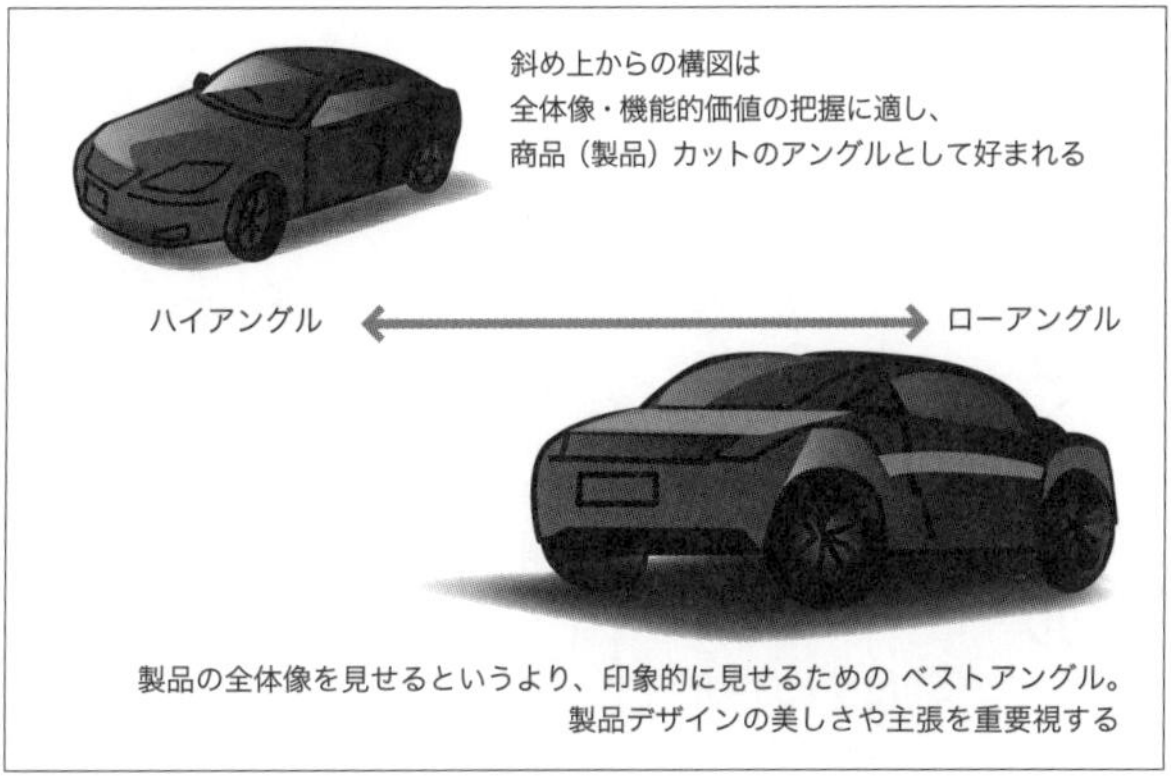
斜め上からの構図は
全体像・機能的価値の把握に適し、
商品（製品）カットのアングルとして好まれる
ハイアングル
ローアングル
製品の全体像を見せるというより、印象的に見せるための ベストアングル。
製品デザインの美しさや主張を重要視する

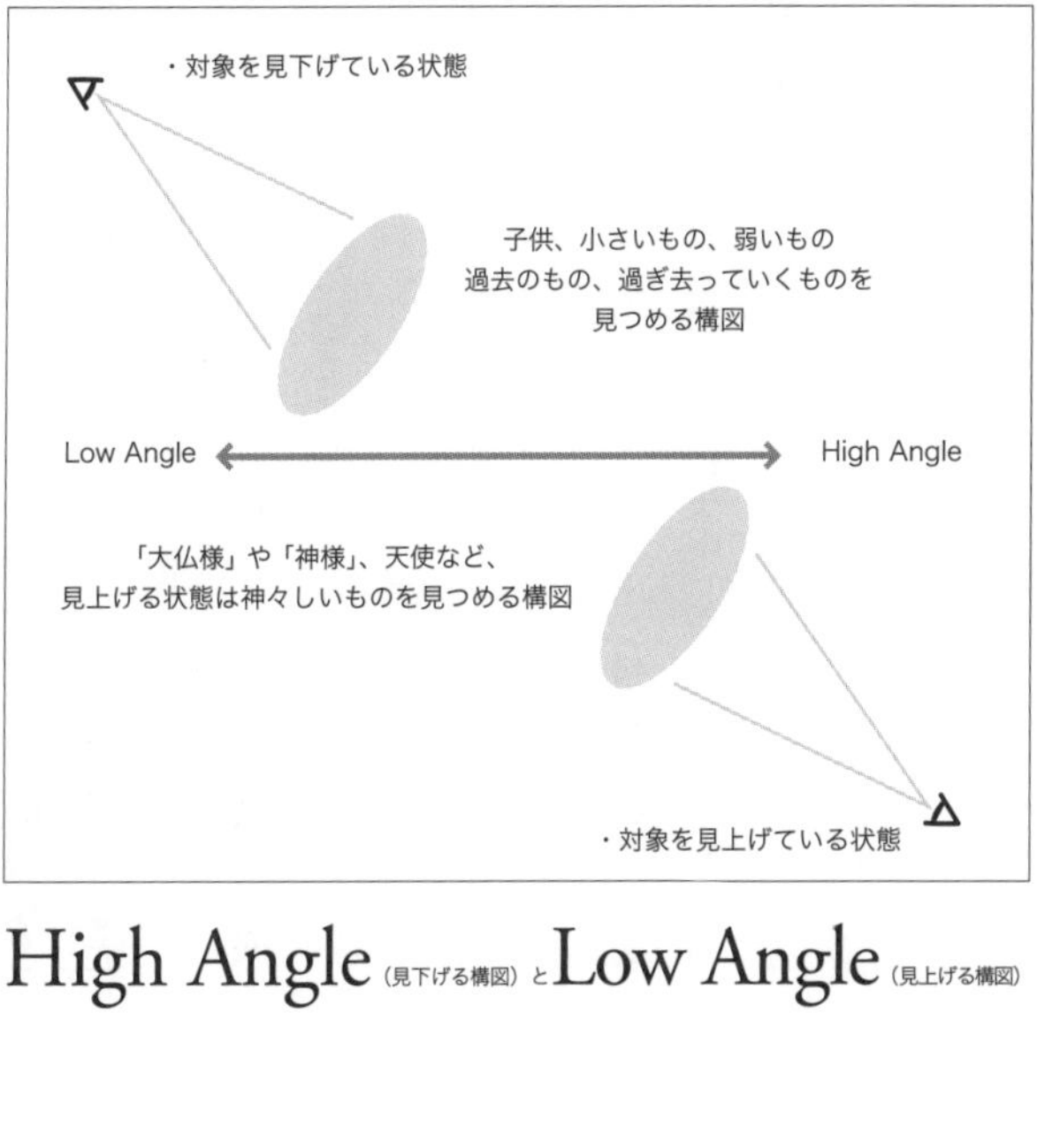
・対象を見下げている状態
子供、小さいもの、弱いもの
過去のもの、過ぎ去っていくものを
見つめる構図
Low Angle
High Angle
「大仏様」や「神様」、天使など、
見上げる状態は神々しいものを見つめる構図
・対象を見上げている状態

## High Angle（見下げる構図）とLow Angle（見上げる構図）

日本のメーカーが常にカタログカット（ハイアングル、製品カット）を主力広報などで使いたがる理由は、消費者から「商品がよく見えない」「天面がわかりづらい」などといわれることに神経質になっているからではないかと思われます。クレームなどからの防衛、攻めよりも守りのための撮影ポリシーを貫けば、当然、ハイアングルの採用、商品撮影を重要視する傾向は強まるでしょう。

一方、グローバル展開で躍進を続けるほぼすべてのブランドは、「ローアングル」「アドバタイジング（広告向け）カット」のアングルを採用し、ブランドの価値と、デザインからの主張、「ね、ウチの製品って本当にクールでしょ？　格好いいですよね？」というような「見せ場づくり」と感情的価値の共有に集中しています。もちろん、公式サイトなどまでいけばカタログカットも見られます。

## ◉感情移入のコントロール――俯瞰図とヨリ

俯瞰《ふかん》のアングルとは、ハイアングルよりもさらに「鳥」の目線ほど上から傍観する視点からつくられる構図のことをいいます。バードビュー（Bird's-eye）などとも呼ばれていますね。

「見る」というよりは「閲覧している」状態であり、逆に物事の全体像を引いて見ることを「俯瞰する」などともいうように、他者の視点として、モノを見ているさまを示しています。俯瞰は高い位置からの視点であると同時に「引き」の視点でもあるわけです。対象との距離は、そのまま見る人の感情的な距離に直結します。

一方、クローズアップは近寄ること。製品の最も特徴的な部分にフォーカスして、部分を印象的に押さえることをいいます。至近（ヨリ）距離でさらにローアングル（見上げ）の構図のことを「ヨリヨリ」ということもあります。鳥の視点で傍観しているのに対して、対象に自らが近づいて主題を切り取るような構図となり、感情移入できる、主観により近づく構図ともいえます。

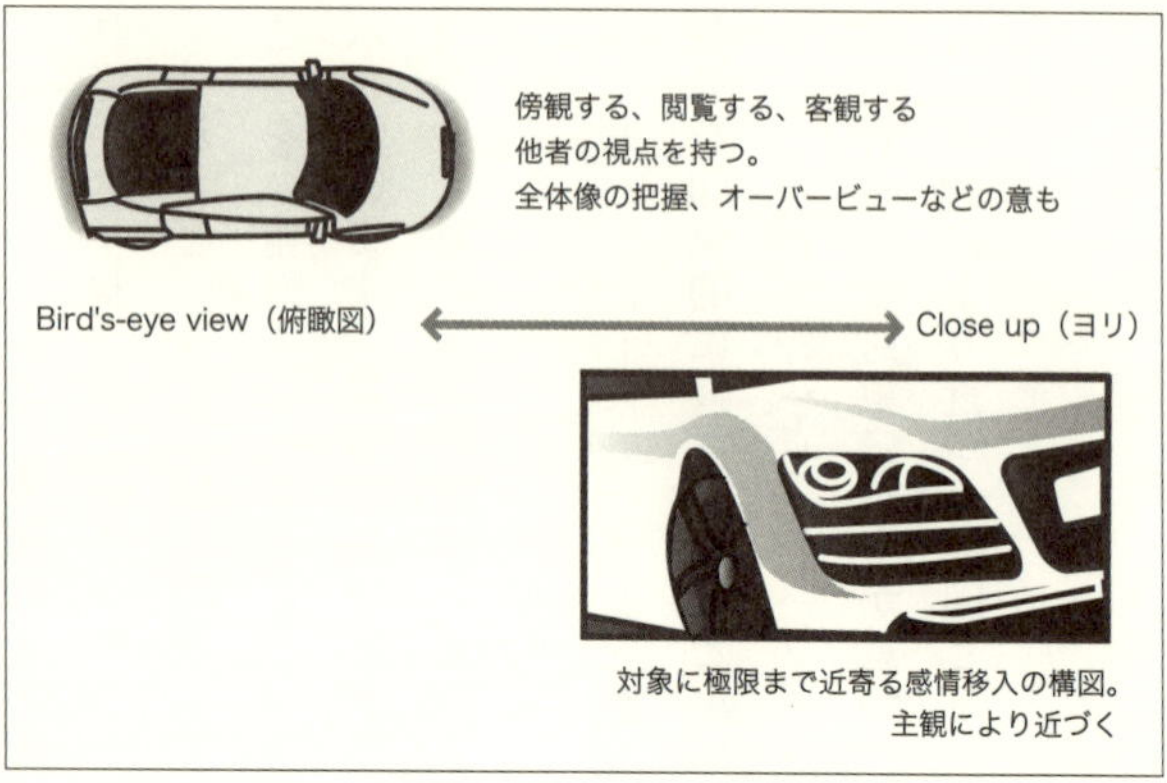
傍観する、閲覧する、客観する
他者の視点を持つ。
全体像の把握、オーバービューなどの意も
Bird's-eye view（俯瞰図）
Close up（ヨリ）
対象に極限まで近寄る感情移入の構図。
主観により近づく

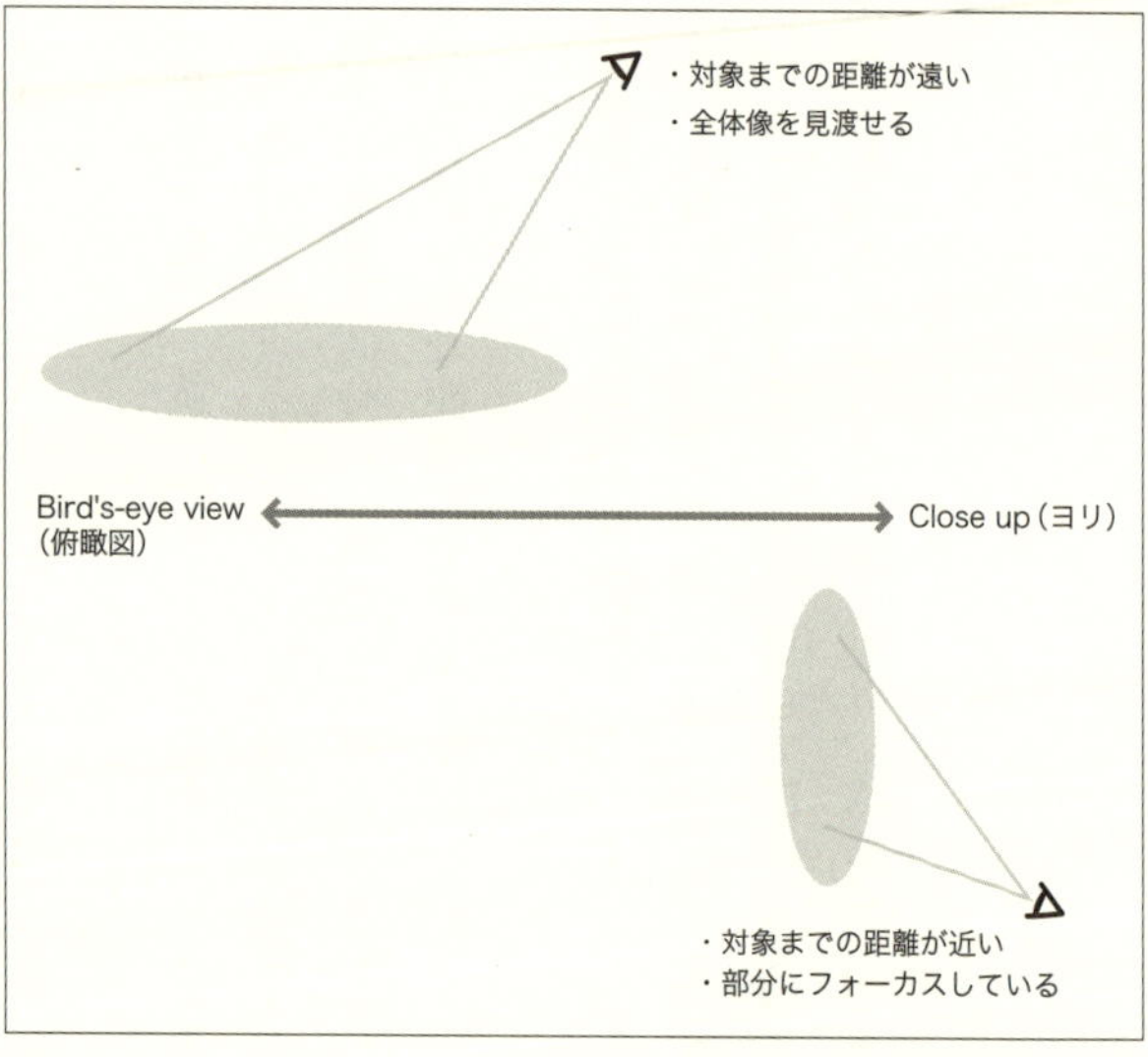
・対象までの距離が遠い
・全体像を見渡せる
Bird's-eye view
（俯瞰図）
Close up（ヨリ）
・対象までの距離が近い
・部分にフォーカスしている

# Bird's-eye view（俯瞰図）と Close up（ヨリ）

## ◉正面から見る――対等な目線

最近よく見かけるファストファッション（低価格戦略アパレル品。ユニクロ、H&Mなど）の広告などで見かけるのが、「真正面」のアングルです。

町中で外国人のモデルさんたちが一斉にこちらを向いていて、目が合ってしまった、なんていうことはありませんか。

この、真正面のアングルは対等な力関係やパートナーといった、「同じ目線」を表現することが得意な構図です。

たしかに、ファストファッションは価格も低く抑えられ、コンセプトというよりも流行に合わせて便利に着るというイメージが強いため、なんとなく落ち着きどころのない正面のアングルが、ビジネスのスピードの速さなどともマッチしているようです。

これに対して、先ほど紹介した、ブランド品のカジュアルラインなどは、ローアングルで構図は三分割法の「美しくて、強い構図」でした。

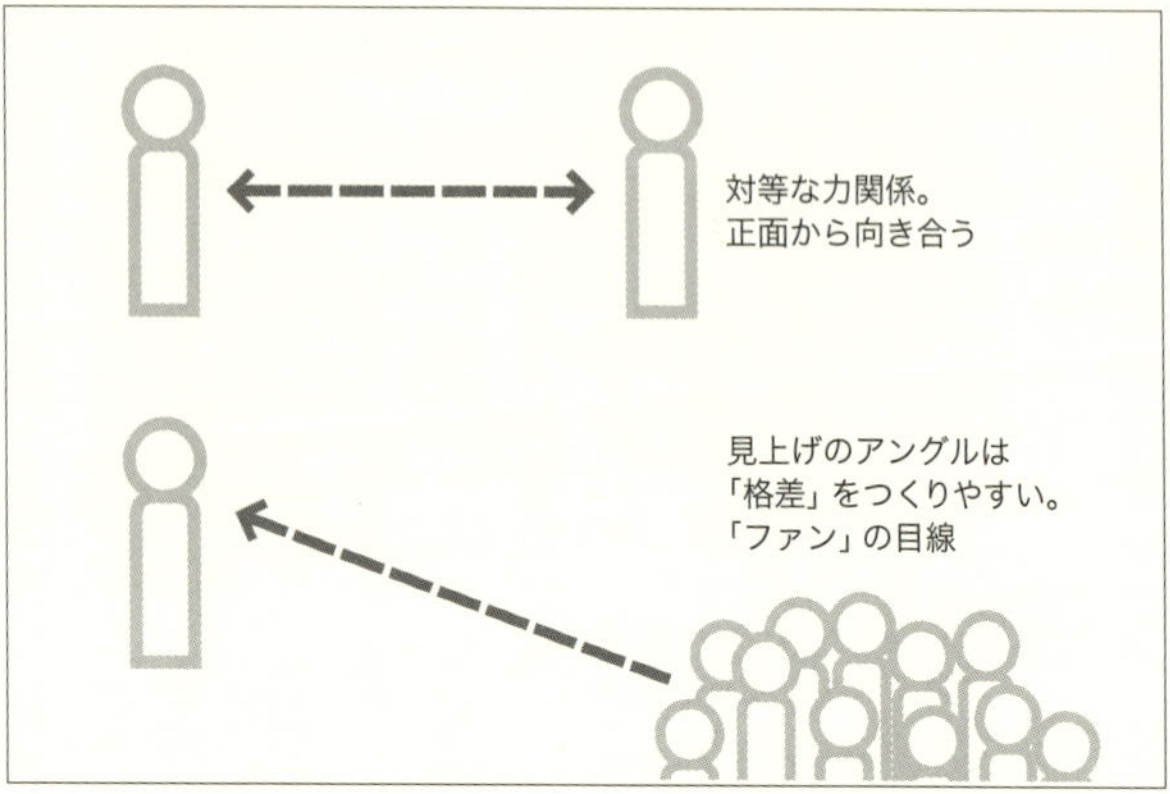
対等な力関係。
正面から向き合う
見上げのアングルは
「格差」をつくりやすい。
「ファン」の目線

正面アングルは重心が定まらず、
腰高な印象で緊張感が漂いやすい。
動きが速い商材とはベストマッチ

ローアングル、三分割法の構図は
美しくて強く、据わりがいいのが特徴。
ゆったりとした気分で鑑賞できる感じ

# Front Angle（正面）とLow Angle（ローアングル）

目線の定まる先もはっきりしていますし、三分割法の構図は「据わりがいい」ところも特徴です。「クラス感」を重視し、ローアングルでドラマチックに演出された高級アパレル品が「より絵画的」に見え、正面アングルの「ファストファッション」はより迫りくる感じのちょっとあわただしい印象もありますので、まさに、撮影のディレクションで商品のポジションを「棲み分け」ている例としてわかりやすいと思います。

じっくりと見てほしければ、ローアングルでドラマチックに撮影したり、据わりのいい美しい構図を選んだ方がいいということです。

## ◉視点を誘導する――フォーカス

構図は「絵」や「写真」そのものの価値を決めてしまうほどの「方向性という力」を持っていますが、これにさらに主題をフォーカスする技術、つまりピントを組み合わせることで、視点を誘導すること、つまり主題を「視覚のシナリオ」によって伝える技術が完成します。いわゆる「目を釘付け」という状態をつくりたいのなら、構図＋

フォーカスは鉄則です。

最近の例でいえば、K‐POPのすらりと足の長い女性アイドルグループが出演しているプロモーションビデオなどで見かける

1．低い目線から狙うカメラ（ローアングル）

2．V字になって整列（強い構図）

3．2の形になることによって、V字のトップすなわちセンターにどうしても視点が集まる（1点フォーカス）

などは、まさに、視覚伝達の「教科書通り」の演出なのです。

これは写真でなくでも、たとえばポスターのレイアウトのようなものでも同じです。こういった視覚の原理原則は世界共通ですから、今後、グローバル市場を狙う企画をお持ちの企業の方、あるいは自分自身の世界進出を考えていらっしゃる方はぜひ

ローアングルからのビューは「ファンの目線」

強い構図の力による、センターへの視点誘導

俯瞰するとV字の配列で、視点はトップへ

# Angle（アングル）とComposition（構図）

覚えておきたいところです。

逆に見せたいものがフォーカスしきれないと構図もレイアウトも弱くなっていってしまいます。もちろん、見る側からしたら印象が薄くなり、残る記憶もぼんやりと弱くなります。

まずはピントを絞って注目を集めるというお話をしましたが、あえてフォーカスしない、つまりピントを「あける」という手法もあります。これには、視点をあえて定めずに広がりを見せる効果がありますが、もちろん「主題」は弱くなっていきます。ただし、世界観全体が主題となるようなシーンであれば、これもとても有効です。

目の前に広大な大地の広がりを感じ、深呼吸をしたいというシーンであれば、こころも開いていますが、「ピント」も開いているのです。

森の方を振り返ると、子鹿が走っているのが視界に入り、思わず弓矢で狙いを定め

ピントは「酒」に

ピントは「文字」に

フォーカスは注目（視点誘導）を呼ぶ

# Focus（ピント）

[photo by Alpa Studio]

ましたというシーンであれば、狙いは定められており、ピントも絞られている状態ということです。

いずれにしても、まずは「見せたいものがはっきりとしている」ことが何よりも大切です。それさえはっきりしていれば「構図（アングル）」と「フォーカス（ピント）」でしっかりと視点誘導をすればいいだけなのです。

## ◉色とは何か

自分のセンスにコンプレックスを持つ人たちにとって最も苦手な課題は「色」ではないでしょうか。プレゼン資料の色使いからスーツとネクタイのコーディネートまで、色に苦労している人は少なくありません。

もともと色とは「連続している情報」に属しています。ですから、とても「相対的」なものなのです。

「え、なんのこと？」と首をかしげてしまう人もいらっしゃいますね。

ではまず、連続していない情報とは何かを考えてみましょう。

連続している情報の反対、すなわち「孤立している情報」というのは「絶対的」です。

「丸」といったら丸は絶対に丸です。四角でも三角でもありません。丸っぽい四角というのは、すでに丸ではありませんよね。

では、色の場合、たとえば「ピンク」はどうでしょう。ロゼワインのような透明感のあるピンクも、春に咲き乱れる桜の白に近い清楚なピンクも、珊瑚礁に代表される黄みが少しかかったコーラルピンクも、こんなにいろいろな種類があるのにもかかわらず「ピンク」に属しています。そして、それぞれのピンクが、明るい太陽の光に照らされている場合と、月明かりの下で輝く場合とでは、また微妙に異なります。蛍光灯の部屋と白熱灯の部屋でも、だいぶ変わりますよね。

パソコンのお絵かきソフトのカラーパレットなどを見ればそのようになっているのがわかるように、「色」はもともと、連続している数値情報の「範囲」の呼び名である上に、周辺の環境にとても左右されるのです。

さらに、見る人の気分や、その時代の「空気」などにも強く影響を受けます。

ですから、「女性（が好む色）＝ピンク」「情熱（を感じる色）＝赤」などという定説そのものに無理がありますし、必ずしも全員にあてはまらない、例外などを多く含む根拠のないものなのです。

## Color（カラー）

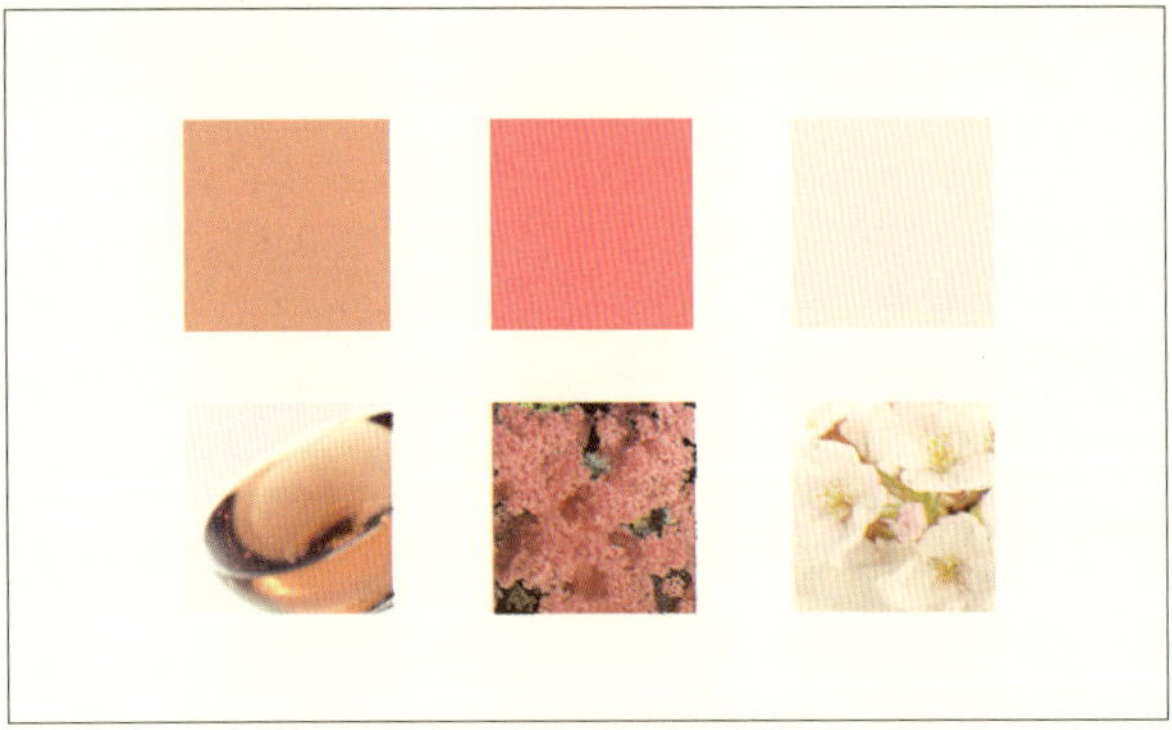

▲「ピンク」と一言でいっても、色の数値の範囲で考えると広い

ですから、色とイメージの関係は絶対的なものとは考えず、つながりや関連性で考えるとすっきりします。


「ピンクは、赤よりも明るい」

「ピンクはオレンジより、黄色が少ない」

「ピンクにも鮮やかなピンクと渋いピンクがある」

これならば、胸を張って１００％正しいといえます。


「ピンクは、赤よりも明るい」

これは、色濃度（濃さ）の比較です。

「ピンクはオレンジより、黄色が少ない」

これは、色相という色味比較のことです。

「ピンクにも鮮やかなピンクと渋いピンクがある」

これは、色の彩度（鮮やかさ）のことです。

この「色濃度」「色相」「彩度」の三つが色の基本になります。それを示したのが左ページの図です。

きっとどこかで見たことのある図だと思うのですが、ここまでのエピソードと合わせて（ピンクは赤よりも明るいなどです）見比べてみてください。

## ◉見せたい色をどう決めるか

ただし、これら（色濃度、色相、彩度）が色の基本であることには間違いがないのですが、困ったことに、この色のスケールや色の羅列、つまり色相とか色濃度の図などが、色を使う技術に結びつくことはあまり期待できません。

「望む世界観」を色使いによってつくるためには、実は専門家もいろいろと工夫をしていますので、色の基本という話とは別に、色の使い方についてここでは紹介をしていきます。

# Color (カラー)

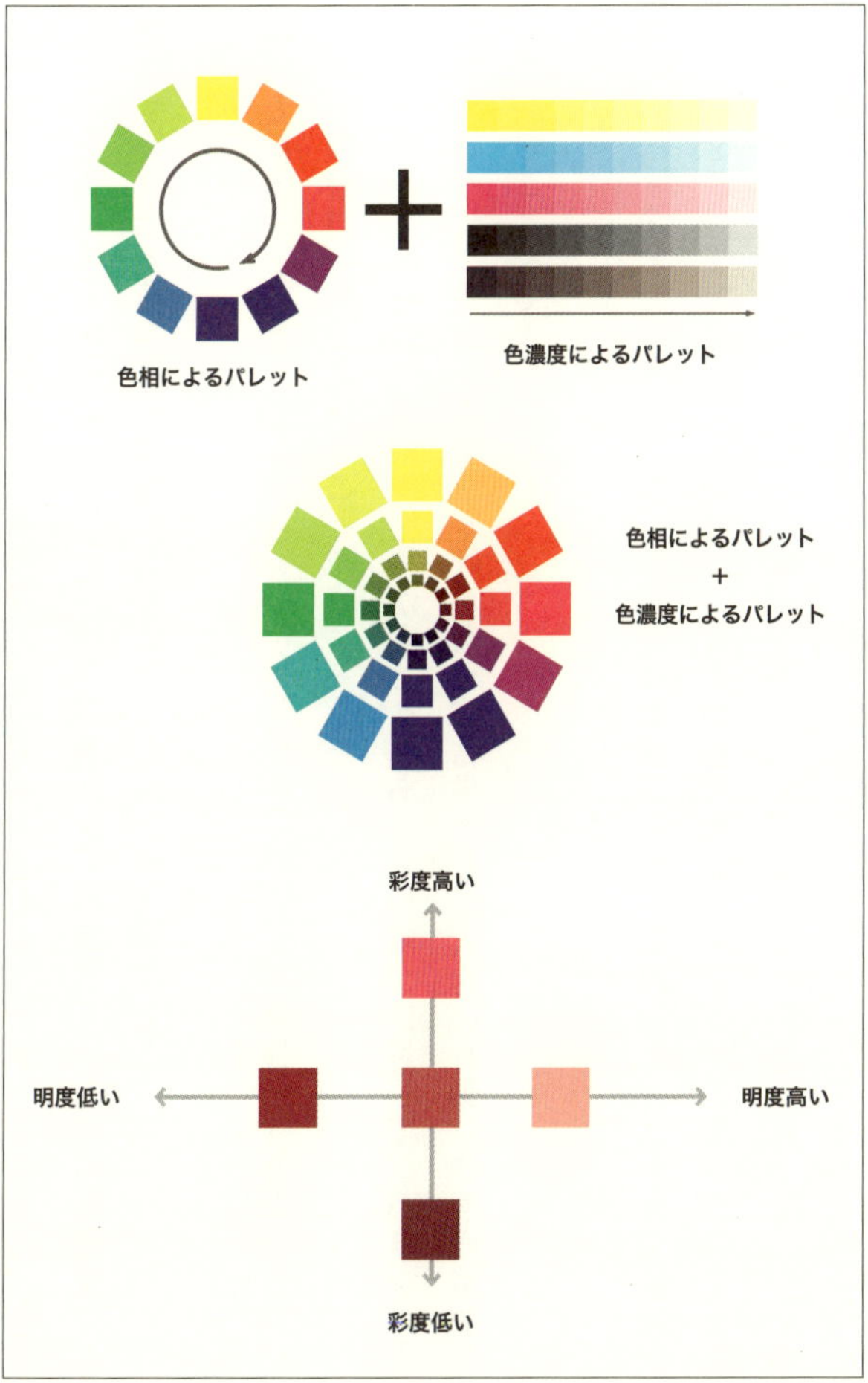
色相によるパレット
色濃度によるパレット
色相によるパレット
+
色濃度によるパレット
彩度高い
明度低い
明度高い
彩度低い

構図やフォーカスには優れた「演出力」「表現力」などがあります。もちろん、色にもこういった力はありますが、「色」には誰でもがすぐに使えて、しかも即効性にも持続性にも優れた素晴らしい機能があります。それが「実現力」です。

実現力とはどういうことかというと、「色を選ぶこと」それ自体になりたいものに近づく強い影響力があるということです。

つまり、目からから入った視覚情報がもともとある「現実」に対して、バランスをとっていくようにプレッシャーをかけるため、結果として人の「行動」にも直接的に影響を与えることができるのです。

京都にあるマクドナルド（ハンバーガー）の看板の色が、全国のそれと大きく印象が異なることをご存じですか。京都では、通常ならマクドナルドと一目でわかる派手な「赤」が落ち着きのある「えんじ」に補正されていて、すっかり町並みになじんでいるのに驚きます。

この赤からえんじへの色の調整は、京都という町の景観を保ったという素晴らしいエピソードであると同時に、自分（ここではマクドナルドのこと）が京都の市民になれるかなれないかは、色が決めたということでもあります。京都の色に染まったからこそ、出店を許されたわけです。

「○○色に染まる」という言葉がありますが、これは、色の話ではなく実際には「影響力」の話です。色に染まってしまうことで叶う夢や現実もあるということを示唆します。

ここで、冴えないデザイナーAくんの色にまつわる成功のエピソードをお話しさせてください。Aくんは地方から東京に出てきて、約三年。専門学校を卒業してからは、都内のデザインプロダクションで働いていました。

Aくんは、やる気があって、粘り強く仕事に向き合い、勉強熱心なタイプでした。

人柄も温厚で他人に対する思いやりにあふれ、後輩の面倒もよく見ます。デザイナーという職人技術以外にも場をまとめる心配りも十分。でき上がってくるデザインも悪くありません。けれども、一つ残念なところがありました。本人の「見た目」が決定的に地味なのです。

Aくんは長身で、顔立ちだってさほど悪くはないと思うのですが、安価なスーツにTシャツを組み合わせたイメージが地味で、「センスがいい」雰囲気を醸し出せてはいませんでした。

これは、デザイナーという職業柄、大きなマイナスです。だってそうでしょう。「目立つように」「格好よく」デザインしてもらいたいと思っても、当のデザイナーにセンスを感じられないのでは、仕事を任せる気にはなりませんよね。

そんなAくんが変わったのは、あるキャンペーンの打ち合わせの際、ヒットを連発し多くの企業をクライアントに持つベテランのプロデューサーの方が「若いデザイナーがお金をかけないで目立つコツ」をアドバイスしてくれてからです（若いデザイナーは皆、薄給なので、「お金をかけない」ことは重要です)。

アドバイスは実に単純で「スーツはあきらめて、いいシャツを着なさい」というものでした。安いスーツを高いスーツに買い替えることはできないのだから、そこはもうあきらめて、手の届く範囲のものにお金をかけようというのです。


真面目なAくんはアドバイスに従い、さっそく「地味」と反対方向に舵を切りました。オレンジやブルーといった派手めな色や、大きめの柄、ダイナミックなストライプと、積極的に「目立つ」ことに挑んでいったのです。

もちろん、服装だけ変わっても中身が変わらなければ、残るのは違和感だけです。だから、シャツに負けないように髪型に気を使い、姿勢や態度にも変化が出てくるようになっていきました。

「色の実現力」とは単に「なりたいイメージの色を身につける」というだけの話ではありません。見た目の変化を通じて、内面が変わっていくことが重要なのです。

さまざまなチャレンジを続けて、部のリーダーとなったAくんは、今では、ダークグレーのシックなシャツをさらっと着ていてもかなり目立つような、センスのいいディレクターに成長していました。

まずは「地味に見えない色」という、間違えられてはいけない対象から入って、「存在感を放つ派手さ」というゴールをめざした結果、地味な色（彩度＝低め／明度＝低め）でも、なりたい自分になれる「センス」を身につけたのですね。

## ◉なりたい自分になるための色選び

「なりたい自分になる」ためにまず「間違えられてはいけないものをはっきりさせる」ことから入るというアプローチは重要です。これは、Aくんのようにファッションでイメージを変えることはもちろん、企画書などのデザインでも、商品のパッケージデザインでも同じことです。

ここでは、私が携わった女性向け日本酒ブランド［綾］立ち上げプロジェクトの事例を通して、「なりたい自分になれる」色の選び方を紹介していきます。

［綾］は、売り上げの低迷が続く日本酒業界にあってチャレンジを続けるある小規模酒造の依頼で、「辛口」＋「微発砲」＋「度数高め」の「濁り酒」（つまり、いわゆる「どぶろく」）を女性向け（若い世代も含む）に売り出すことを狙って開発されました。デザインの観点からは次のようなステップを踏みました。

1. 間違えられてはいけない対象をはっきりさせる
2. 色訴求案を検討する
3. 色見本帳を参考に、サブカラーを決定

従来の日本酒には「夏だからブルー」というイメージがありました。また、なぜか、瓶がグリーンというものが少なくありません。また、女性向けというカテゴリでいえば、南国フルーツをイメージさせる鮮やかなビタミンカラーのものもありました。

［綾］は従来品と間違えられるようなイメージは避けなければなりません。とりわけ「辛口」がウリなのですから、女性向けのお酒だからといって、甘そうなイメージやフルーツカクテルのようなイメージには近づけないようにする必要がありました。

間違われてはいけない対象がはっきりした後、色使いによるリッチブラック案（高級路線）／キーカラー&サブカラー案＝和モダンホワイト案（シンプルシック路線）／多色訴求案＝カラフルカジュアル案（カジュアル路線）の三案が検討されました。その結果、キーカラー&サブカラー案に決定したところで、日本古来の衣合わせ配色を分類した『かさねの色目――平安の配彩美』を参考に、サブカラーを決定したのです。

「色選び」の基本は世界観を決めることです。まずは、こうあってはいけない、間違えられてはいけないという対象を明示し、「和モダンの雰囲気で、若い人から年配の方まで女性の心をとらえたい」「情報量の多い環境でも一目で目立つ、華やかな雰囲気をつくりたい」などというコンセプトを明確にします。

# Color（カラー）

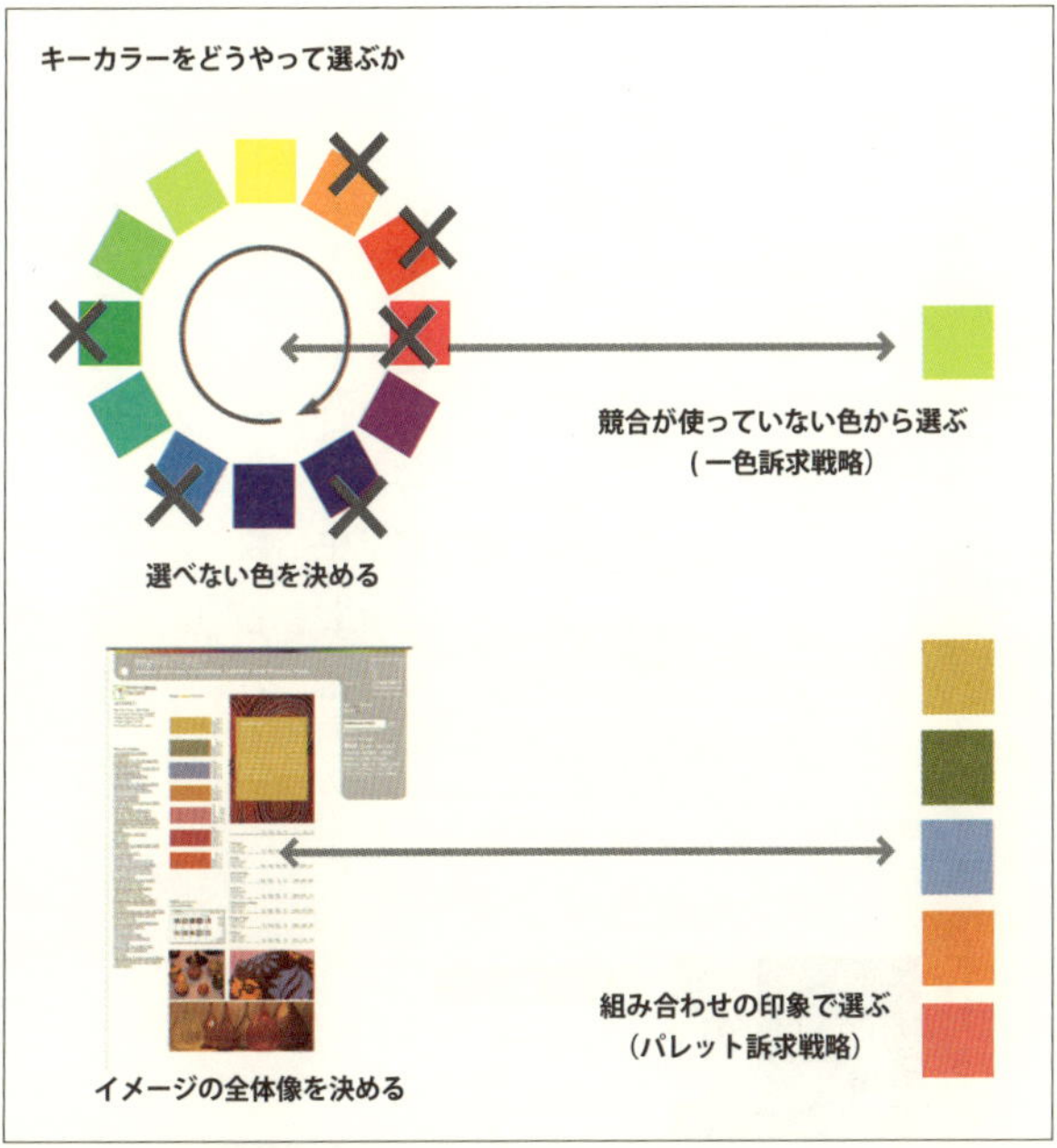
キーカラーをどうやって選ぶか
競合が使っていない色から選ぶ
（一色訴求戦略）
選べない色を決める
組み合わせの印象で選ぶ
（パレット訴求戦略）
イメージの全体像を決める

そして、「なりたいイメージ」をつくる際に参考になるのは優れた色見本帳です。

人の脳の中に存在する「色数」というのは、育った環境や普段の生活と密接に関係していて、たとえプロのデザイナーであっても「その人が持っている色数」が偏っていると、同じようなパターンの配色しか出てきません。

色使いのセンスがいい人が持っているものは実は、脳の中の色の組み合わせ、すなわち「カラーパレット」です。

あなたがこれをもし持っていないので

Color (カラー)

### 色訴求から見た３案

リッチ＋ブラック

A案：一色訴求

モダンホワイト

B案：キーカラー
＋サブカラー（パレット）

採用

カラフルカジュアル

C案：多色訴求

### 最終決定案（商品）

決定

淡縹
（うすはなだ）

女郎花（おみなえし）

濃紅梅

薄萌黄

薄朽葉

秘色
（ひそく）

中朽葉

薄色

薄紅梅

淡紅

# Color（カラー）

あれば、色見本帳や色のシミュレーションサイトで補えばいいのです。

色を一色ずつ選ぶのはデザインの初心者には大変だと思いますが、カラーパレットというツールを使えば、めざす世界観に一気に、そして大きく近づきます。

## ◉「ふさわしさ」のデザイン

「色選び」の基本は結局「○○らしさ」「ふさわしさ」の演出でもあります。これは世界観あるいはトーン・アンド・マナー（業界用語では略してトンマナ）などともいいます。

「デザインする」ということは、デザインされる対象の「らしさ」を、他と間違われないように、そう見られたいと思うイメージで、見る人から好感を持たれるように際立たせること。そんな話を、ツイッターやフェイスブックのアイコンなどの話を通じてここまで語ってきました。

デザインセンスのある人とは、まさにこのトーン・アンド・マナーを理解している人といえるかもしれません。

第一章で述べたように、ツイッターで猫のアイコンを見かけた人は、それが個人を識別する記号とは見てくれません。見る側はモチーフ（素材）だけ、タイトルデザイン（フォント）だけ、カラーだけといった、デザインのパーツだけを見ているわけではなく、常に「醸し出された雰囲気や世界観」「なんとなく○○な感じ」で判断をしているのです。

人は知らずしらずのうちにモノを「カテゴライズ」したり「レッテル貼り」をして見るという傾向があり、実際には雰囲気に左右されて行動までしてしまうことがしばしばあるのです。たとえば白と黒のコントラストのはっきりしたイメージは、金融業界であればふさわしいものとして受け入れられますが、飲食店系などでは「冷たそう」と敬遠されるかもしれません。

「センスのいい」誰かのデザインをあなたが取り入れても、同じように「センスがいい」と見られるとは限らないのです。

「ふさわしさ」すなわちトーン・アンド・マナーを理解すること。これこそ「デザインセンス」を語る上で最重要課題といえるでしょう。

## ●「クラス感」とは何か

そのトーン・アンド・マナーの中心ともなる考え方は、クラスとタイプという2軸のマトリックスです。

価格が高い／安いというY軸（クラス）に対して、個性的／没個性的を表すのがX軸（タイプ）で、デザインの狙い、つまりポジショニングを探ります。

「クラス感」のあるデザインの基本は、デザインの目的にあったフォントを正しく選び、使うことだと覚えておいてください。

次ページの図は、美容系の技術に秀でインプラント治療などに特化したある歯科クリニックが、開業の際に「クラス感」のあるロゴ作製の依頼にきたときに、実際に提示したロゴデザインのドラフト（ラフスケッチ）です。

富裕層をイメージして「個性」を削いだA案は「ヘルベチカ」というシンプルなサンセリフ（ゴシック体）のフォントを使っています。高級感というものを、フォントの完成度やきちんとした佇まいで表現しました。これがもし、一般的な歯医者さんで使われていたら近寄りにくいくらいのトーン・アンド・マナーに仕上げています。

それとちょっと異なる方向で少しずつカ

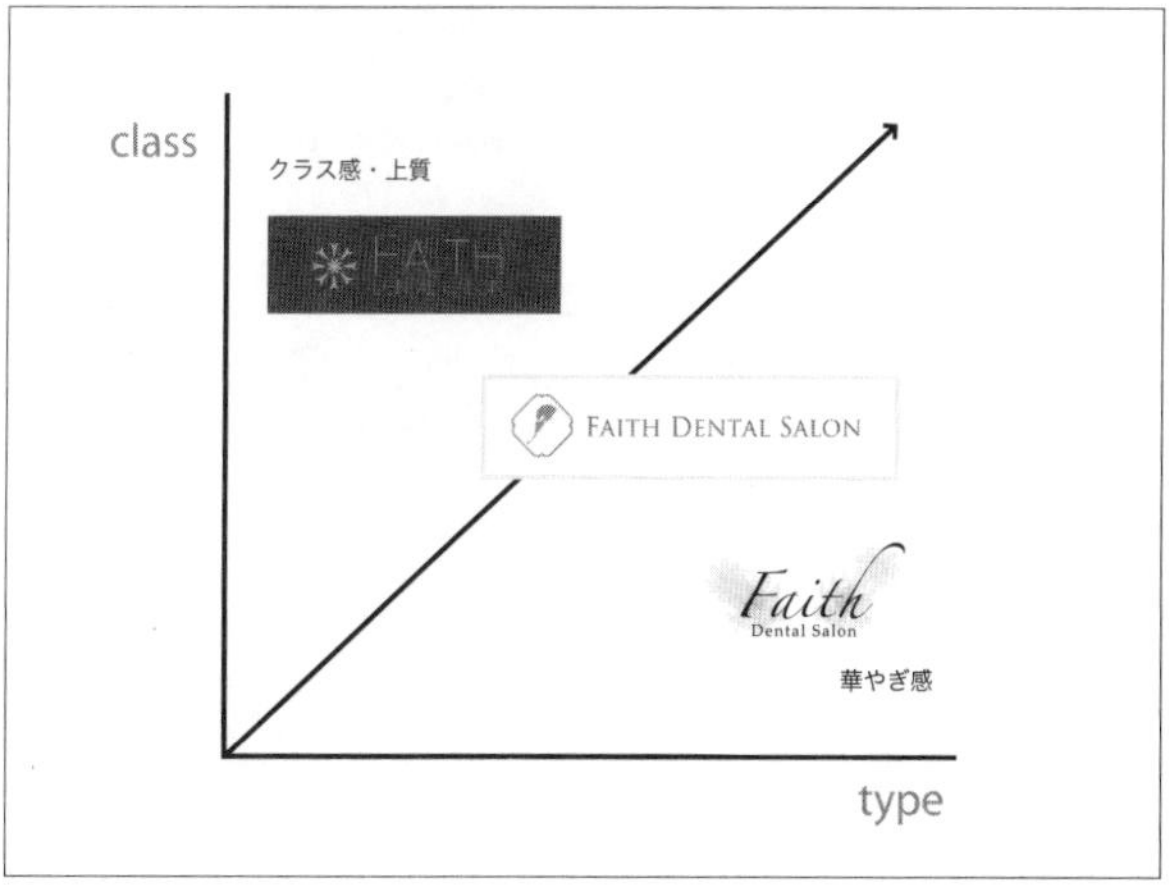


Font（書体）

A案

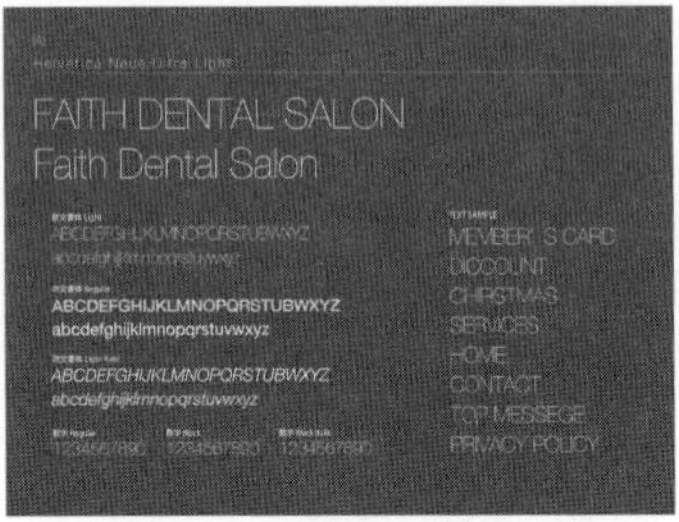


B案

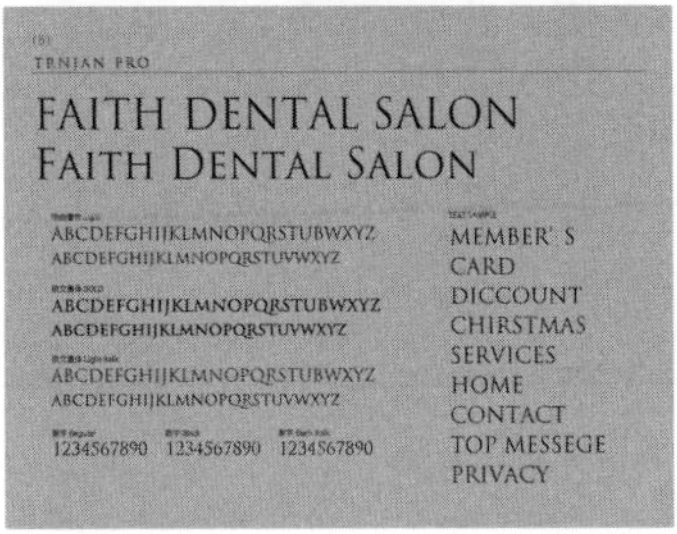


C案

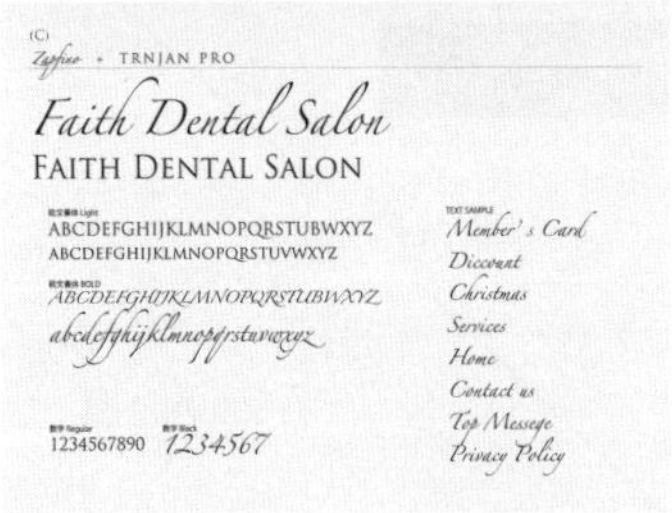


# Font (書体)

ジュアルラインに、華やかさを強調していっているのがB案とC案で、B案がTRAJANというセリフ書体（日本語でいう明朝体、ローマン体）、C案がZAPFINOというハンドスクリプト（手描きのデザイン）のフォントをデザインの中心に使っています。

こういったロゴやマークをデザインするとき、たいていの人は「高級そうで素敵なものに見せたい」「個性的でユニークなものにしたい」と強く願うのが普通です。

そもそもフォントそれ自体が、タイプデザイナーというフォントをつくる専門職によって、時間をかけて緻密にデザインされています。そして、私たちの手元に「人気フォント」として出回っているもののほとんどは、多くのフォントデザイン選手権を勝ち抜いたチャンピオンのような存在です。ですから、これを素人が、インスタントに手を加えてもほとんど効果はないどころかバランスを崩すことになりかねません。

## ◉「見やすさ」と「わかりやすさ」をデザインするには

「見やすさ」とは、言葉の通り、見ることについて「たやすい」ということ。主にレイアウトやコントラストの効果です。レイアウトの視点誘導についてはすでに説明をしましたが、色やその濃度が周辺の影響を受けるという例をご紹介します。

次のページを見てください。同じ濃さの文字が背景を変えただけで見やすくなったり、見づらくなったりするのがわかります。文字のコントラストについては、その明度差（明るさの差）で測ります。

「見やすく」「わかりやすく」などという原稿指示はよく見かけると思うのですが、わかりやすくというのは原稿の「整理」の問題であることが大きいのでこれらを混同しないことの方がむしろ大切かもしれません。

見やすい（背景BBK100%,文字K15%）

見づらい（背景BBK100%,文字K85%）

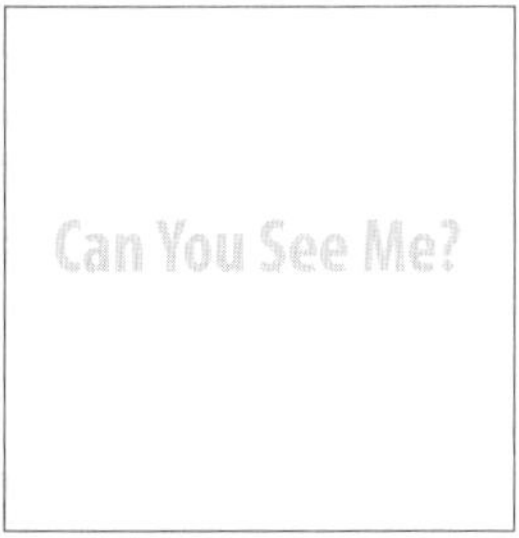


見づらい（背景BK0%,文字K15%）

見やすい（背景BK0%,文字K85%）

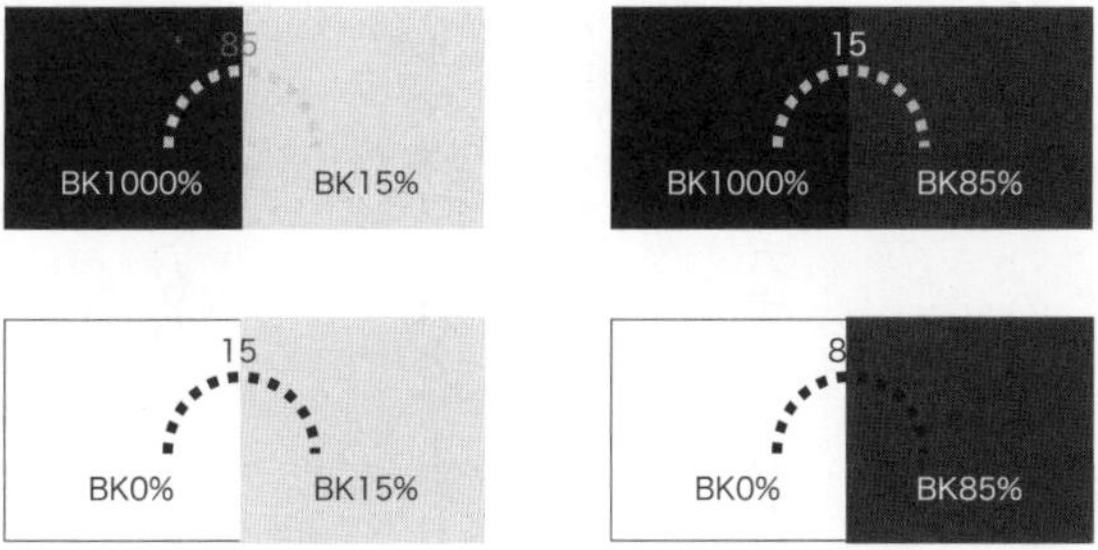

## ◉グーグルマップがあるのに道に迷う理由——引き算のデザイン

デザインとは何かに手を加えるものに限りません。

iPhoneを所有していて、グーグルマップを手元に持っているにもかかわらず、大きく道に迷ってしまうという人は意外に多くいます。

これは、本人のいわゆる方向感覚の欠如とは別に、グーグルマップではとても行きにくい場所があるからです。グーグルマップで迷いやすい場所の共通点を挙げておくと、情報の量が豊富すぎ（道が細かく描かれすぎていて、該当の道がわからないなど）、ランドマークの欠如、類似デザインのビルの乱立などがあります。

これらは、必要な情報以外をむしろミュートするような、引き算のデザインの大切さを教えてくれます。

私のデザイン事務所では、企業のロゴや会社サイト作成の仕事が多いのですが、その中で、もともとある地図をデザインし直すという依頼も多くいただきます。地図データはあるのだからそれをそのまま貼りつければいいのにわざわざデザインし直すのはなぜでしょう?

これはもちろん、見た目のよい地図の存在が会社全体のイメージをよくするといった意味も大きいのですが、「そちらに向かっているのですが、迷ってしまいました」というお問い合わせにいちいち応えなくていいというところが大きいようです。最初からわかりやすくしておけば、望み通りに人は動いてくれるものです。

私が会社員デザイナーだった時代にも、アパレルメーカーなどのクライアントを担当していると、シーズンごとに必ず「展示会」があるため、地図の制作は重要タスクでした。当時はバブルだったということ

## Road Map (ロードマップ)

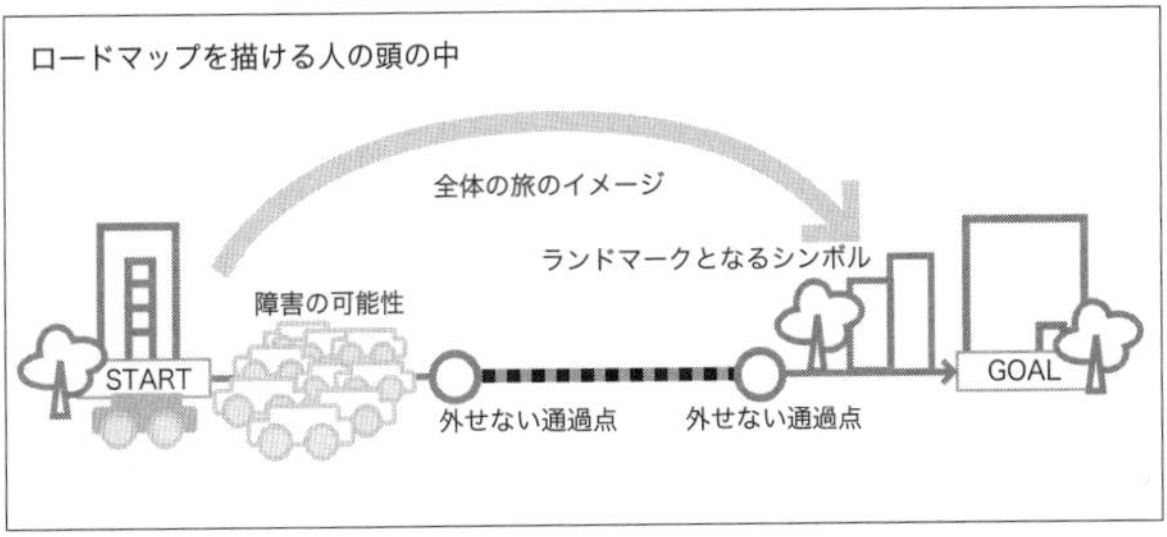

ともあって、箔押しにしたり切り込みを入れたり、かなりおしゃれな高級印刷仕様の地図入りパンフレットをたくさんつくった思い出があります。当時の社長が、地図のデザインには特別に配慮をしていたからです。

気の利いた地図というのは、人の「誘導の技術」そのものでもあり、最終的な入場動員数と大きく関わってくることがあります。

地図を描くための「情報の整理」の技術、つまりスタート地点とゴール、ランドマークや目印などの情報を整理して、きちんとした道筋を描ける技術というのは、人へ行動を促す「誘導の原理」と同じです。

つまり「情報」を整理してデザインする技術は、「人の行動を促す技術」に直結しているのです。

## ◉フェイスブックのインターフェースは使いにくい？──期待感のデザイン

フェイスブックは世界的に見れば、ユーザー数において今や他を圧倒するソーシャルネットワークに急成長を遂げました。

一方、日本ではどうかというと、映画『ソーシャル・ネットワーク』の公開をきっかけに「登録してみた」、という人もいるものの、まだ「いま一つなじめない」「難しい」という声もよく聞きます。これはひとえに、フェイスブックのインターフェースが使いにくいデザインだと感じる人が多いからでしょう。そのせいか、日本では現在、毎日のようにフェイスブック関連の実用書や攻略本が発売されています。

ところがこのフェイスブックの独特のインターフェースというのは、一見使いづらいようでいて、使い込めば使い込むほど、便利なデザインになっていると思います。

フェイスブックのインターフェースは、「コメント欄」（一つの投稿にコメントがツリー上に集約されるしくみ）や「いいね！」（コメントはしないまでも共感だけ表明しておく）など、言葉で書いた内容以上のものをデザインが示してくれます。件名も署名もない代わりに「アイコンと一緒に表示される「メッセージ」についてはすでに述べましたが、これも、相手との距離感が、従来のメールの場合と質的に異なるものです。

また、情報デザインの観点からもう一ついうと、自由に公開範囲を設定できるところは「人との距離感」をデザインできるようにしているともいえます。

## ◉「よい・悪い」vs「好き・嫌い」

「デザインが好き」という人の多くはそれを直感的に捉え、生活の中で楽しんだり、自分の個人的な選択肢の基準に「デザイン」を取り入れています。ところが「デザインが苦手」「デザインがわからない」という人の多くは「デザインのよい・悪い」がわからないことについて、ストレスを感じています。また、商品開発担当など、よいデザインが判断できないと責任を取らなければならない立場にあるのに、「正直、何がよいデザインかがわからない」という人もいます。そういった人はデザインについて考えること自体にとても負担を感じてしまうようです。

デザインの「よい・悪い」と「好き・嫌い」は何が違い、どんな役割分担があり、どうしたら自信を持って「このデザインはよい」とか「このデザインは悪い」とかいい切れるようになるのでしょうか。

知人のあるマーケターはデザインについて「できれば定量分析したいのですが、そもそも数値化もできなければ計測もできない。デザインのよい・悪いの判断は難しいですね」と悩みを打ち明けてくれました。

デザイナーでありコンピュータ・サイエンティストでもあるジョン・マエダ氏は著書『シンプリシティの法則』の中で、「よいデザインとはシンプルであることだ」と述べています。

一方、ウェブサイトの構造設計の専門家であるインフォメーションアーキテクトの長谷川敦士氏は、ある媒体で対談をさせてもらった際に「よいデザインとは、よいエンジニアリングのことであり、問題解決である」と発言されていました。

ダイレクトマーケティングなどの販売獲得数が評価に換算されるビジネスの現場では、広告に対する最も大きな反応のあったデザインが「よいデザインである」とされています。出版関係者や書籍編集者にとっても、よいデザインの多くは「書籍が多く売れたデザイン」でしょう。

結局、つくり手にとってのよいデザインとは自分にとって都合のいいデザインのことです。つくり手の中でもどの部分を担当するかによって課題は変わるものの、それぞれの課題に対して最もよく応えているものがよいデザインということになります。

また、ゴールの設定次第では同じ役割の中でも定義は変わります。パターン化されたグラフィックがよいデザインであったり、インパクトのある力強い表現がめざすべきデザインであったりすることだってあるのです。

「デザインでこうあってほしい」ことが実現されたとき、それがすなわちデザインの発信者にとってはよいデザインということ。デザインの価値を目標達成とリンクさせて、よい・悪いを判断します。ですから逆に、もしも「デザインでこうしたい」というゴールがなければ、よいデザインというものそれ自体が何のことかあやふやになってしまい、行き先を見失ってしまう可能性も否定できません。

一方で（『視覚マーケティングのススメ』や『売れるデザインのしくみ』にも書いてきましたが）消費者、すなわちデザインを感じたり、受け取ったり、使う側にとっては、その価値の判断の「評価軸」は大きく異なります。

必ずしも、デザインをデザインされているものとして評価しているとは限らないのです。デザインが持っているクラス感を肌感覚で捉え、「なんか高そうだな」とか「安っぽいなぁ」とか、そういった自分の価値観でレッテルを貼ってしまう。

あるいはその個性、たとえばふわふわしているところが好きとか、グラマラスな曲線がたまらなくそそるとか本当に個人の感想に近いことに執着して評価してしまったりします。

「デザインかどうか」ということは消費者には実際にあまり関係なくて、自分の軸と自分の都合でデザインのよい・悪いの評価をくだしているのです。

# 第三章　プレゼンはデザインで勝負

## ◉プレゼンを成功させる二つのスキル

『スティーブ・ジョブズ　驚異のプレゼン——人々を惹きつける18の法則』や『プレゼンテーションzen』などといった本がベストセラーランキング入りしていることでもわかるように、今日のビジネスシーンにおいて、プレゼンテーションスキルの重要性は、ますます注目を浴びています。

プレゼンテーションは、デザインへの理解が直接的に成果につながる場面であるともいえるでしょう。そこで、第三章では、明日の会議にすぐ役立つデザイン的プレゼンの極意をお伝えしたいと思います。

プレゼンテーションのスキルは、見せるイベント的要素の「ショーマンシップ」的な部分と、コンテンツの作成技術に関わる「シナリオライティング」的な部分と、大きく分けて二つのパートからなりたっているといえます。

私の会社員時代の上司は制作出身で広告代理店の副社長まで勤めたちょっと変わっ

た人でしたが、自他ともに認める「プレゼンテーションの達人」でした。

「大物が来ないと乗らないんだよなぁ……。でかいヤツが来れば来るほど、いいプレゼンができるんだよ」

大手企業の社長以下お偉いさんを相手に、大会議室でカラーパネルを拡げて大プレゼンというのを最も得意とする、ショーマンシップ大得意のタイプです。


一方、現在では、プレゼンテーションも儀式的なものというよりも内容そのものを重視するようになっています。また、コストパフォーマンス重視の風潮も手伝って、イベント的なプレゼンは縮小する動きもあるようです。

インターネットの躍進もあり、遠く離れた相手とのコミュニケーションコストは飛躍的に下がりました。ちょっとしたミーティングなら、フェイスブックやスカイプなどのツールを使って簡単にできてしまいます。グーグルが立ち上げた新SNSのグーグルプラスでもビデオチャット機能を大きな目玉としていますが、これの利用方法の一つとして、ビジネスコミュニケーションを想定しているようです。

一方で「人が動く」「人が会う」ということの価値の高騰を考えると、今後、プレゼンはシートだけ先に送って共有し、セッションそのものは「ビデオ会議でやりましょう」なんていうことも増えていくでしょう。そうなっていきますと、むしろ人間力に頼ったパフォーマンスというより、計算されたストーリーと無駄のない実行へのシナリオが重要視されます。もちろん、感動や共感を呼ぶための、紙面レイアウトにも注力せねばなりません。

ここでは、今までの概念にとらわれない、あなた仕様の画期的なプレゼンシートが「デザイン」できるためのポイントをお伝えします。

具体的なデザインのコツの話に入る前に、最初に、ありがちな失敗パターンを検証しておきましょう。

## ◉残念なプレゼンの「なぜ」を検証する

失敗するプレゼンシートに見られる問題点は、大まかにいって「期待感の欠如」「情報デザインの失敗」「インパクトへの過剰依存」「情報過多」の四つにまとめられます。それぞれ、見てみましょう。

そもそもプレゼンテーションというのは、目的達成のための「一つの通過地点」でしかありません。プレゼンを通ったのはいいけれど、提案を実現するために、また誰かが働かなくてはいけないようなシートであってはいけないのです。

アメリカの心理学者アルバート・マレービアン博士は、人間のコミュニケーションのほとんどは「言葉」で行われていないという研究結果を発表して、多くの人々に衝撃を与えました。人が他人から受け取る情報について

顔の表情　55％

声の質（高低）、大きさ、テンポ　38％
話す言葉の内容　7％

とその数字を公表しています。

第一章の冒頭で触れた『人は見た目が9割』に書かれていたことでもありますが、人と人とのコミュニケーションを決定づける9割が「言葉の内容ではない」という事実は、プレゼンのショーマンシップ的な部分においては、かなり理解されるようにはなってきています（プレゼンの日に、身なりがぞんざいとか、個性的でない人というのはむしろ珍しくなりました）。しかし、プレゼンテーションの「シート作成」においては依然としてこの大前提を忘れてしまいがちです。

実際の映像をご覧になった方も多いと思いますが、初代iPhone発表時のプレゼンの冒頭のシーンでは、薄暗い会場の中に、間接照明でリンゴのロゴマークが燦然

▲初代iPhone発表時のプレゼンテーション開始前、バックライトに照らされたロゴマークが輝いていた

と輝いていたのです。デザインの視点で注目すべきは、ジーンズルックのジョブズ氏ではなく、バックライトに照らされた、アップル社のロゴマークです。そこに表現されているのは「これから素晴らしいことが始まる！」という期待感のデザインです。

映画の予告編などにも似た技法ですが「冒頭演出の技術」として、期待感のデザインはとても重要です。

これはプレゼンテーションのシートでいえば、表紙と最初の１ページにあたるでしょうか。

多くの企業では、既視感に満ちた「いつもの表紙」「いつものフォーマット」でプレゼンシートを作成してしまいがちです。

もちろん、予算を度外視してでもびっくりするような表紙をデザインしろなどといっているわけではありません。

ですが、ここでお伝えしたいのは、これから始まる提案が「価値があるものだよ」と教える「期待感」はプレゼンテーションシートで必ず伝えてほしいということです。デザインできなくても、何らかの方法で期待感を「醸し出して」ください。日本人が特に苦手とされる「感情に訴える」というミッションです。


情報デザインの欠如も、プレゼンが迷走する原因の一つです。

たとえば、膨大な資料を見せなければならなかったり、参考文献を引用しなくてはいけないというときでさえ、情報そのものがどのレイヤーに属していて（これは、デザインのフォーマットに工夫をすることで解決できます）、いちばん投げかけたかった大きな問題点は何かということがぱっと見で判断できるようになっていれば、まず道に迷うということはありません。

私たちの現在地はここ、これからめざすのはあそこ、その途中にここを通過してこの川を越えていきましょうという、シンプルなストーリーが伝わればいいだけなのです。

逆にいえば、そもそも情報がデザインされていないプレゼンテーションで、未来や希望を語ることは不可能です。身振りや手振り、話し方、シートのレイアウトやホワイトスペースのことを語る前に、まずは情報を正しくデザインすることがとても重要なのです。

プレゼンはインパクトが勝負というのも、ありがちな誤解です。

もちろん、「びっくり感」で注目を浴びれば、地味でまったく目立たないものよりは数段印象には残ります。

ですが、「一発芸」のようなプレゼンは、すでに過去の遺産であり、バブル時代の名残ともいえる手法です。

もう一つ。これは特に企画書づくりに長けている人たちの間で比較的目にするもので（ウェブインテグレーターなどや一部の広告代理店などでもよく見かけます）、「絶対に読みきれない分厚いプレゼンシート」というのがあります。

緻密に書かれていて、データも豊富なのですが、結局何のことをいっているのかわからない、わかりづらい仕様になっているのです。読む人のためというよりは、つくっている人のためのプレゼンシートといっても過言ではありません。また、悪い使用方法でいえば、いわゆる「けむにまく」ための手法です。

ともかくハンコをもらうにはこれしかないという短絡的な企画書であれば、ハンコをもらえることは素晴らしいかもしれませんが、多くの人の気持ちを動かしたり、行動を促すきっかけ、実行案としては、心もとないものになっているはずです。

プレゼン資料や企画書を見やすいもの、心に残るものとしてデザインするのに必要なのは結局、情報とコミュニケーションのデザインです。以下に、すぐに実践できるポイントを紹介しましょう。

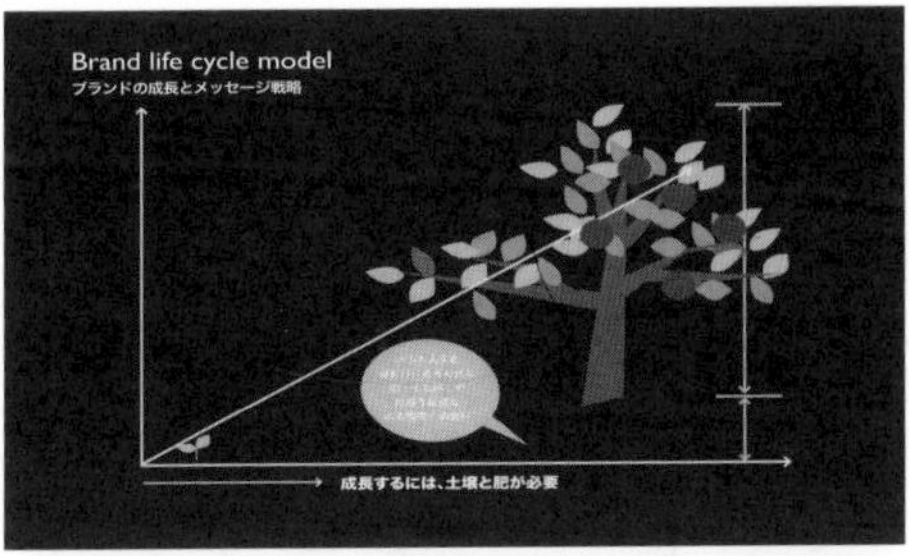


・1シートに1トピックが原則

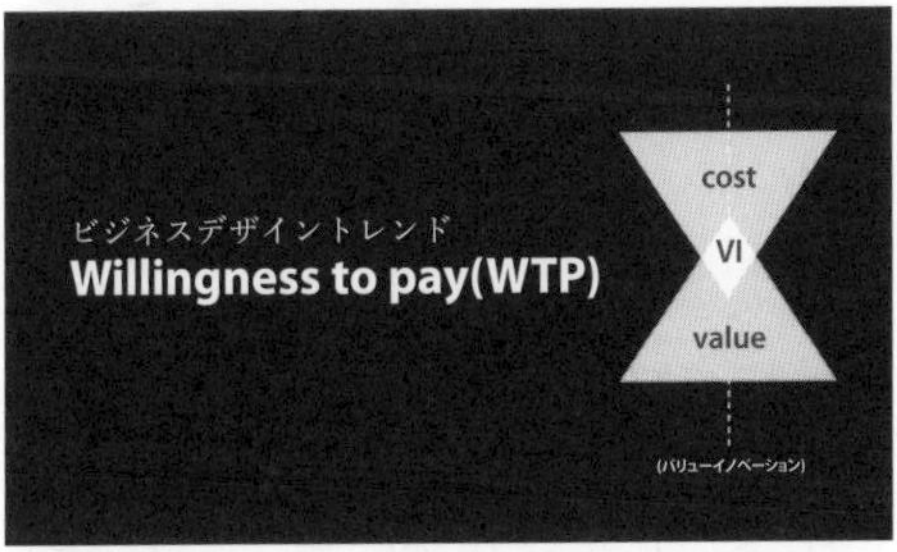


・主題を明確に

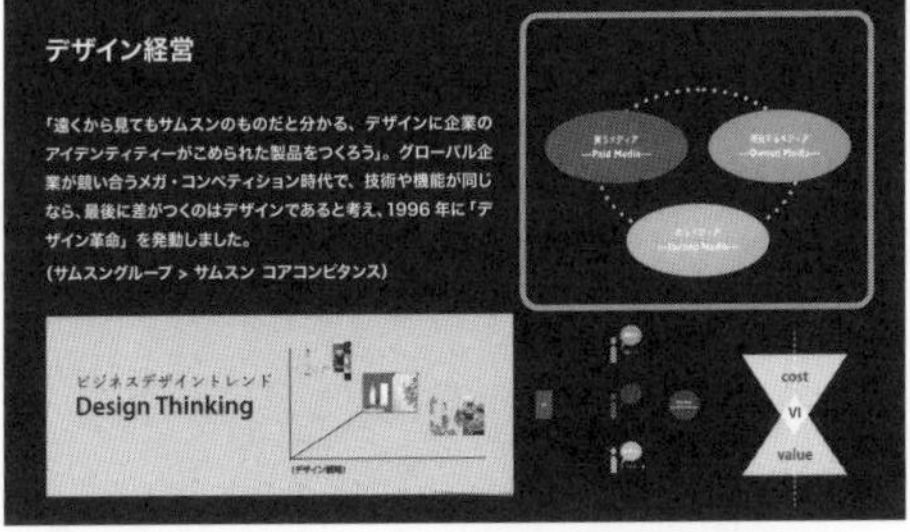


・たくさんのトピックスを1枚のシートに入れすぎない

## ◉アイキャッチをつくるコツは「シンプルに伝える」

「アイキャッチ」というのは、広告業界でいう、目を引く技術の一つですが、目を引くためといって「人気タレント」に出演してもらったり、何かびっくりするようなCGを用意する必要もありません。

やることはたった一つ。第一章のアイコンの項で述べた「ワンキャッチワンビジュアル」の復習にもなりますが、伝えることの優先順位を決めて、見せることといいたいことを一つに絞るということです。とっても簡単ですね。

いいたいことを絞ったら、十分な「ホワイトスペース」を確保します。ホワイトスペースとは不用意に空いてしまった余白のことではありません。「対象」をより印象的に、強く見せるために意識してスペースを設けるのです。

ホワイトスペースを十分にとることとは、「主題」（テーマ、コンセプト）に注目させるためのいちばん簡単な技術です。それは、「シンプルに伝えること」。つまり、シート一枚には必ずワントピックに抑えるように原稿を整理していくと、びっくりするくらい「見栄え」が変わってきます。

ですからプレゼンシートでは、全体の枚数制限などが特別にない限りは、一枚のシートにいくつものトピックを埋め込まないようにした方が本来効果的です。

## ◉キービジュアルを決める

キービジュアルというのは、その名の通り「鍵となるビジュアル」のことです。これは、アイキャッチをつくる技術とも関係しますが、「キー」になるビジュアルは写真やイラストなどの絵素材だけとは限りません。

ただの装飾としてフリー素材の写真を集めることに労力を使うくらいであれば、ビジュアルを用意するという考えを改めて「キャッチコピーをメインビジュアルに」「グラフをメインコンテンツに」と考えてもいいでしょう。

○

・思い切って、文字をまったく入れないシートをつくる

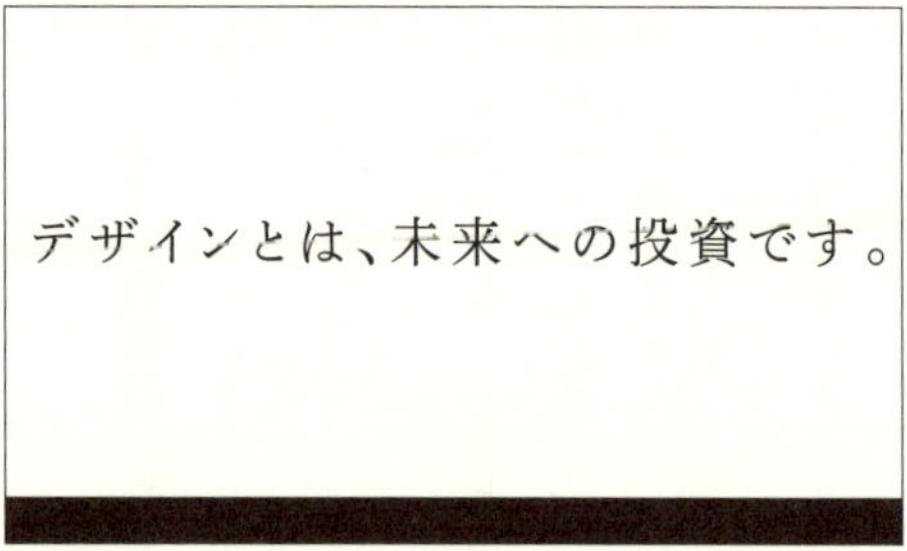


○

・思い切って、キーワードだけのページをつくる

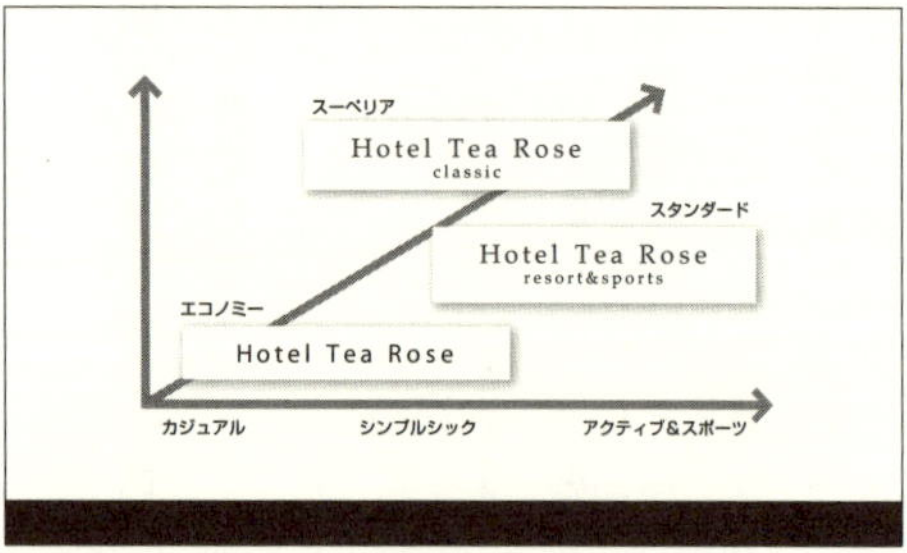


○

・表やグラフも1シートに堂々と1テーマで

意味のないイメージカットがひんぱんに出てくるプレゼンシートをたまに見かけますが、主題があいまいになってしまうくらいなら、むしろマイナスです。見せなければいけないのは絵ではなく、あくまでも企画の中身なのです。

## ◉フォーマットを生かせれば仕事が速い

フォーマットとは本来「型」のことです。「テンプレート」といういい方をするケースも多いかもしれませんが、私はあえてこれを奨励しません。テンプレートとは、あくまでも「誰かがつくった下書き」にすぎません。

私がなぜ、テンプレートではなくフォーマットにこだわるかというと、それぞれの業種、立場、ミッションなどにより「コンテンツ」の種類というものはさまざまだからです。

テンプレートというのはあくまでも、誰かの下書きを借りてしまうこと。そうはせず、それぞれの専門事業領域の中にある、「見せ場」のシートを最大限に見せるために、どうしても省略のできない情報を飽くことのないように見せるということも、「フォーマット」をつくっておくことで効率化できます。

フォーマットは自分で「フォーマット化」するところがポイントなのです。ここでは、扉やタイトルページなど気分転換が必要なページと、表組みやテキスト量の多いページなど退屈しそうなページをサンプルとして紹介します。

## ◉プレゼンのデザインはキャラクター設定から

さて、アイキャッチやフォーマットの見せ方を決めたら、いよいよコンテンツのデザインについて考えます。「フォーマット」が見せなくてはいけない「処理」の部分を考える作業であるのに対して、「デザイン」はより積極的に見せることを考えていく作業です。

プレゼンのシートはだいたい

表紙（フォーマット化）

タイトル（フォーマット化）
表組・図表・データ・資料（フォーマット化）
企画主旨を見せるところ★
結論や根拠を見せるところ■
イメージや提案を見せるところ◎

こんな感じになっていると思うのですが、フォーマット化するところ以外にキャラクター（配役）を割り振っていきましょう。これはつまり「描いたシナリオ」をそれぞれのシートが演じきってしまうために、見せ場シートに「役」をつけていくのです。

「感じてもらう配役」シート★企画の主旨や概況を見せるところ
「考えてもらう配役」シート■結論や根拠を見せるところ
「わかってもらう配役」シート◎イメージや提案を見せるところ

ここでは、「企画主旨を見せるところ」「結論や根拠を見せるところ」「イメージや提案を見せるところ」にそれぞれ次のようなキャラクターをつけてみました。もちろん、デザインのコンセプトやイメージであり、実際に人の写真が出てくるという意味ではありません。シートの役割を明確にするということが目的です。

また、ここで紹介するものは、あくまでも一例と考えてください。あなたのシナリオには、もっとふさわしい役者さんと配役があるかもしれませんので。

「感じてもらう配役」シート★企画の主旨や概況を見せるところ

性格……温厚。知的。年齢や世代にとらわれずに幅広い理解を示せる

語調……ていねいかつ親切。しっかりと。

レイアウト……フリーレイアウト、放射状など「広がり」感を重視。図表も多めに。

「考えてもらう配役」シート■結論や根拠を見せるところ

性格……前向きで朗らか。キツいいい回しはしないがハッキリとしている。

しっかり
配役A
Point of View
あなたにとって、デザインセンスとは?
配役B
ハッキリ
配役C
ゆとりを持って
NATSUDOMARI LINKS

語調……きっぱりと。はっきりと。しっかりと。

レイアウト……グリッドレイアウトや左揃え、表組など。「信憑性」を重視。

「わかってもらう配役」シート◎イメージや提案を見せるところ

性格……平常心。熱心。愛情豊か。

語調……平淡でゆっくりとしていて、感情的ではないが情緒にあふれる。

レイアウト……シンプルレイアウトで「堂々と」が基本。ホワイトスペースの確保も。

### ◉フォーマットづくりのポイント

プレゼンテーションのフォーマットシートをつくる際のポイントですが、その業界のローカルルール的なレイアウト習慣は一応押さえておくというところでしょう。

これは、どういうことかというと、たとえばＩＴ系など「ゴシック体」のようなカチッとしたフォントの印刷物に普段から慣れ親しんでいる業界ですと、明朝体の資料

・タイトルは「中扉」のように考えて華やかさを大切に

| | | |
|---|---|---|
| ハイアングル | 被写体よりカメラが高い | 全体像・機能的価値 |
| ローアングル | 被写体よりカメラが低い | 迫力・感情的価値 |
| 正面 | 対等な力関係 | パートナー／対等 |
| フリ | より親しい距離感 | フレンドシップ |
| 俯瞰 | 傍観する、閲覧する | 他者の視点 |
| 至近 | 感情移入 | 主観により近づく |

・単調になりがちな図表は、見せ方を決めておく

**Brand Life Cycle**

ターゲットに向けた広告アプローチと平行して、エファージュの真価を「次世代ターゲット」〜「ステークホルダー」〜「広く一般」にしっかりと伝え続ける事により、エファージュの「ファン」の層を拡げ、マインドシェアの向上や潜在ブランドを強化。メッセージが一人歩きし、人が人を呼ぶ。ロイヤルカスタマーを創出しながら、ブランドを強化する「3.0型」のウェブマーケティ

**New Type of Brand-site**

小さいスタートからはじめて大きく育てるストック型のブランドサイトは、コンテンツの蓄積やニュースの発信をしながら、中長期に渡りお客様と共に成長しつながりを育てる「新しいマーケティング手法に沿ったブランドサイト」です。サイト用のコンテンツは、ソーシャルメディアや電子書籍などにも活用し、ウェブにおける発進力を強化。優良なコンテンツであれば、サイトの資産になることはもちろん、ブランドのビジョンや企業のビジョンとオーバーラップしながら「エファージュ」の真価を伝え、ブランドの認知とロイヤルカスタマー創出に確かに貢献します。

・テキストが多くなるページは、タイトルにアクセントを

に「情緒的すぎる」「神経質に感じる」などと不安を覚える方もいるからです。

もちろん、そもそもプレゼンテーションは、画期的で新しいアイデア公開の場でもあるので「見せ場」は思いきっていいと思います。ですが、その分、抑えるところ（＝特に、全体のトーン・アンド・マナーなど）は抑えておいた方が、メリハリを利かせられると私自身は考えています。

### ◉プレゼンのトーン・アンド・マナー

プレゼンシートや企画書にも、やはりトーン・アンド・マナー、すなわち「ふさわしさ」は重要です。難しいことをきちんと伝えたいのであれば、「グリッドレイアウト」や「表組」「グラフ」を多用すればそれでいいように思いますが、せっかくですからもう一歩だけ「デザイン」を意識してみましょう。

たとえばキーワードの一つを「ね、これしかないでしょう?」と話しかけているよ

・主張したいトーン・アンド・マナーは「セリフの吹き出し」

・親しみやすさの演出には「ノート型」

・ダイナミックさや登場感を醸し出す「グラデーション」

うな感じで見せたいのであれば、漫画の吹き出しのようなものを入れてもいいでしょうし、「この情報は、とりあえず、一緒に共有しておきましょうね」というようなやさしいタッチを演出するのであれば、ノート型のレイアウトなどは、とても使いやすいと思います。

一方で「さあどうだ！」といわんばかりに自信のほどを伝えるのであれば、色濃度の濃い調子から中間濃度にかけてのグラデーションを背景に入れてみるのも効果があります。

## ●「誠実さや高級感」を出す

たまにパワーポイントの使い手自慢のような方から「デザイナーさんがつくった資料がきれいできちっとして見えるのはなぜですか」と、質問されることがあります。

ここまででもお伝えしてきたように、構図の取り方や色の使い方が専門的、というのは当然ですが（それが職業ですし）いちばんはやはり「道具」の差ではないかと思います。「道具」といっても大きくいうとズバリ第二章で説明したような「フォント」使

新ゴ ファミリー

新ゴ L
アイウエオあいうえお愛伊宇営尾

新ゴ R
アイウエオあいうえお愛伊宇営尾

新ゴ M
アイウエオあいうえお愛伊宇営尾

新ゴ B
**アイウエオあいうえお愛伊宇営尾**

小塚ゴシック

小塚ゴシック L
アイウエオあいうえお愛伊宇営尾

小塚ゴシック R
アイウエオあいうえお愛伊宇営尾

Adobe Garamond Pro

Regular
ABCDEFGHIJKLMNOPQRSTUVWXYZ
abcdefghijklmnopqrstuvwxyz1234567890

**Bold**
**ABCDEFGHIJKLMNOPQRSTUVWXYZ**
**abcdefghijklmnopqrstuvwxyz1234567890**

いの差、つまり品質のいいフォントをイメージや用途に合わせて「センスよく」選ぶということではないでしょうか。

もしも、「デザイン」ということにはさほど突き詰めた答えを必要としないまでも、誠実さや、高級感、本物感のあるプレゼンシートの作成が必要であれば、フリーではない有料のフォントについて知り(有料フォントでも、OSなどに付属しているフリーのものもあります)、選んだフォントの「ファミリー」で使用する(同じフォントの太さ違いでキャッチや本文を組む)ことをおすすめします。

## ◉「あなたらしさ」をどうやって盛り込むか

あなたらしさ、というのはいわばプレゼンの最終兵器。あなたの人間力のみに頼るというような企画はそれ自体が危険ともいえますが、もし、あなたがプレゼンされる側の立場であったとしたらどうか、というところで考えてみます。

競合プレゼンのときなど、どちらも同じくらいよい企画であったとしたら、好感が持てるシートであったりインパクトを感じるシートであったり、より強い印象の残る方が選択される可能性は大きいのです。

強い印象、というのは一般的に「押し」のイメージを持たれる方が大きいと思いますが、実際には「引き間際」の見せ方というのはとても大切です。

私自身は、プレゼンの際はすべてのシートの「おしまい」のシートに、ある一つのグラフィックとワンフレーズのコピーを記載してそれを「おわり」のしるしにしています。

これは自社のミッションやビジョンと連結しているということももちろんありますが、もう三年以上もずっと同じものを入れ続けており「心を込めて、企画をご用意しましたよ」「信念を持って、このお仕事に全力を注いでいますよ」という語り尽くせぬ思いのすべてをこの「最後」のシートに込めています。

すべてをやり尽くしました、ご拝聴ありがとうございます、というタイミングで充実した時間の余韻を演出するために「あなたらしさ」の気配を残せたら素敵だと私は思います。

# 第四章　デザインでブランドが育つ

## ◉スマイルカーブが描けない国

「失われた二十年」という言葉をよく耳にするようになりました。この、ショッキングな言葉を皆さんはどのように受け止めていらっしゃるでしょうか。

私が大学時代、ショートステイでアメリカを訪れた1985年頃、ソニーのウォークマンは世界的な音楽再生機器ブランドとして確固たる地位を築いており、滞在先の学生寮やその学食で羨望の眼差しを集めました。スクールバスに乗っても、レストランに行っても目が合うとウインクされるのです。

「ユー、そのウォークマンは最高にクールだね！」

当時、同じように、ロサンゼルス市内の高速道路には、日本車がまぶしく輝いていました。大型でどっしりずしずしと走るアメ車や、気位だけが高く燃費の悪い欧州車に比べ、コンパクトで低燃費、しなやかな日本車の「走り」は、当時美大生だった私にも「クール」に見えました。

未来には「成長」という二文字しかなかったこの時代、思い起こせば本当に日本が国際社会において、最も頂点に近い時期だったのかもしれません。

失われた二十年について一部の専門家は、日本企業がアップルのような「スマイルカーブ」が描けなかったことに原因があるといいます。

X軸を時間、Y軸を収益としたときに、商品開発・マーケティング部門は収益が高く、製造部門は低く、アフターサービス部門は再び高くなるような事業のプロセスを図にすると、にっこり笑った口元のような形になることから、これを「スマイルカーブ」と呼びます。これを i

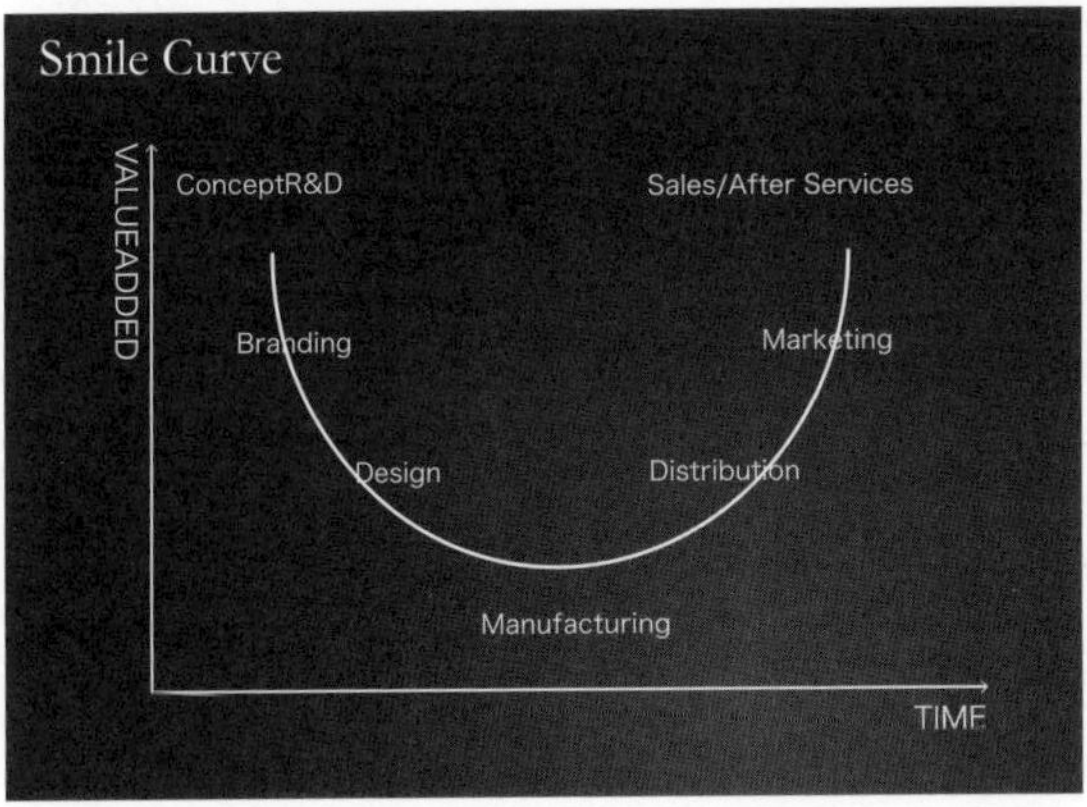

Phoneや iPadの製造プロセスにあてはめてみれば大いに納得がいきますね。

一方、多くの日本企業は、製造部分の利益率が高く、両端が低い。「モノづくり」についていえば、日本のそれは世界に誇るレベルのものであるにもかかわらず、コンセプト、ブランド、デザイン、マーケティングなどの部分で連携した戦略が打ち出せなかったのです。

つまり「いいものをつくった」→「売れ」というような、製造計画（が先）→営業促進（が絶対）という商習慣を、組織が、人が、社会が変えられなかったことと強く関係しているというのです。

日本国内の「デザイン事情」に注目してみても、世界に名だたるヒットメーカーや著名デザイナーを輩出する国であり、当然「デザイン業界」では将来性ある人材も知見も不足ありません。

ところが残念なことに、「営業促進（売るノウハウ）」の強さが実質上イノベーションへの妨げとなり、コンセプトの立案は「前例がないから」、ブランディングは「売り上げに直ちに反映されないから」、デザインは「お金がないから」という理由で、多くの組織が未だに導入できずにいます。

つまり、日本の多くの企業が、そのリーダーを営業職出身者から輩出しており、売ること、特に販売促進のマーケティングについて類い稀なるスキルとノウハウを持ち過去に実績を挙げていることが、グローバル時代の期待される姿であるシームレスなデザインとマーケティングの関係を遠ざけてしまうのです。

一方、デザインについては、それが高い価値として扱われるときでさえも、ブランディングやマーケティングと結びつくというより、富力や権威の象徴とされ、イノベーションとは異なる結果を生み出しています。

マーケティングは期待する未来（いわゆる価値創造）への架け橋ではなく、ノルマ達成のための「売れる事例データベース」になっており、ここでもまた、イノベーションから遠ざかる結果になってしまっています。

「〇〇日で儲かる、売れるマーケティングは？」
「バカ売れするコピーライティングは？」

これらのセールスマーケティング手法を否定しているわけではありませんが、着目してほしいのは、これらがそれぞれにいろいろな種類や選択肢があるように見えて、すべて「すでにでき上がったもの」を売る営業・販売の促進にすぎないことです。

企画やコンセプト、ブランディングをシームレスにつないだ、グローバル企業にとっての「戦略」や「マーケティング」「イノベーション」とは遠いものだったということです。

デザインが大事と口ではいいながらデザインへの理解のない状態。CI（コーポレート・アイデンティティ）にしても広告にしても「ともかく有名人に頼めばいい」という状況が、多くのプロジェクトで散見されました。

「メディアに取り上げられて、話題になり、数字がいちばん早く動く」

こんなことをゴールにしている限りは、人も技術も生かされるはずがありません。私たちが本来、持っている「宝」は封印されてしまっているのです。これでは、スマイルカーブも何もあったものではありません。

だから、月日は失われたのです。

## ◉広告でブランドはつくれない

あるマーケティング会社の主催セミナーで、ノンデザイナー向けにデザインやアートディレクションの初歩を教えるという講義があり、私以外の講師の方の講義を聴講したことがあります。

広告業界に通じており、広告とマーケティングの視点を謳われている方のその講義で、まさにできているものを売る型の１９８０年代ルール、つまり私がまだ大学生だった頃の広告講義の内容をそのままに、アレンジもせずに教えられていて、とても驚いたことがあります。「デザイン」に対する解釈も昔のまま。紙一枚の中に閉じ込められたビジュアルアイデアやレイアウトのことをずっといっているのです。まず、コピーライターがコンセプトを考えて、デザイナーがびっくりするようなビジュアルを添える、普通の絵ではびっくりしないからダメだ、と昭和の広告ルールがそのまま教えられているのです。

二回目の講義では、ある外食チェーンの売り上げを伸ばすという課題が出ていましたが、店舗のデザイン提案はダメ、メニュー開発もダメ、「ともかく広告のアイデアで勝負だ」ということでした。「メニューを変えましょう、提案しましょうとか、そういうことをいうヤツがいるけどまったくもって信じられないよね」

かつて、たしかに広告だけでモノが売れたことも実際にありました。今のようなソーシャルメディアもない時代です。ほとんどすべての人が、テレビを見て、新聞を読み、人気の雑誌を購読していた頃の話です。

インターネットで瞬時にグローバルな情報が手に入り、産業について明るい数値は見込めず、海外市場や新しい市場への進出を余儀なくされ、若者の多くは十分な貯蓄もないというそんな日本で「トラディショナル媒体を使用した広告のアイデアだけで勝負」できる企業、商品というのは本当に限られています。

私はもう、この「溝」について乗り越えてもいい時期にさしかかってきているのではないかと感じています。実際に、広告やパッケージのデザイン依頼であっても、私のクライアントたちは皆、私や私たちの「商品についての正直な感想」や「可能性を感じる斬新なアイデア」について、耳を傾けてくれるからです。そして、それらが実際に取り上げられ、実現していっているのをこの目で見ているからです。もちろん、アイデアが採用されれば、デザイナーもチームも、とても幸せなことです。

がんばって宣伝しても、死にものぐるいで営業しても、結局は「（デザインも含めて）モノがいい」ものが選ばれていく時代になりました。すでにあるものについて付け足して考えることではなく、あり方をよりよく変えるために、より望むべき姿に近づくために自らにメスを入れるということもデザインなのです。

「格好悪いデザインの商品だけど」
「スペック的にはいま一つだけど」
「でも、宣伝で売りまくったよ」
「なんとか営業手腕で乗り切ったよ」

こういうのは、もうクールなパートナーのセリフではないと思います。

## ◉デザインマーケティング

『視覚マーケティングのススメ』が発売された2008年当時、東京ミッドタウンのアートディレクションなどを手がけた有名アートディレクターの水野学氏が著作『グッドデザインカンパニーの仕事1998‐2008』の中で、「マーケティングは立ち読み程度で」と、デザインとマーケティングの強い関連性そのものを否定する発言をされていました。影響力の強い、有名アートディレクターのこの発言に象徴されるように、当時はデザインが「マーケティング」や「ビジネスコンセプト」とはまったく次元の異なる「神聖」なものという意識を持つ人も少なくなかったはずです。

ところがリーマンショック後、世の中のムードは急変しました。海外市場や中国バブル終焉などの影響を受けるようなビジネスシーンにおいては、広告費、販促費、イベント費といった予算が否応無しに縮小されていきました。あたりの様子を見ていても、媒体別広告費売り上げなどを見ても、それが如実に表れるようになりました。利益があって、潤沢な予算があって、もっと売りたいという願望からではなく、いよいよ明日の生き残りをかけて、宣伝ではなく「マーケティング」を模索するという時代へ突入していきます。

２０１１年現在、デザインマーケティングについては、多くの人が可能性を感じ、期待を持っていると思います。私自身、ツイッターのリアルタイムキーワード検索で「デザイン」「マーケティング」という二語が含まれるツイートをウォッチし、リサーチを続けていますが、学生から社会人、エンジニアから経営者まで「デザインとマーケティング」を関連づけ、強く期待したり、認識しているさまが見て取れます（興味を持たれた方は、ツイッターのリアルタイム検索をぜひ試してみてください）。

「差別化を打ち出すブランド戦略」「バリューイノベーション」といったことも、少しずつですが認識され始めています。先日、ある地方都市の商工会より「デザインコンサルティング」の依頼がありました。震災以前に、デザインセミナーの講師として招かれたのがきっかけで専門家登録をしていたところ、「パッケージのデザインについて、ブランディングの考え方から導入したい」「起業支援の一環として、ブランド戦略とデザインのコンサルティングを依頼したい」などということでした。

これは、実に画期的なことです。以前であれば、地方自治体や商工会の支援事業といえば「ホームページで売り上げを伸ばしたい」「集客のためのチラシをつくりたい」「もっと、売り上げが上がる広告を」という感じの、いわゆる「販促」がらみの依頼しかあり得なかったからです。

デザインについていえば、「儲かるチラシ」「売れるレイアウト」と、レスポンスのみに注力した依頼ばかりで、ブランディングとしてのデザインとかデザインマーケティングなど、概念すらなかったはずです。

デザインマーケティングの考え方は、『売れるデザインのしくみ』に細かくその概念から実装までを書いていますが、ここまで取り上げてきた話に関連していえば、まさに、デザインとは「全体戦略」の中の極めて核心に近い「部分」を構成するツールといえます。考え方や価値観というベースがあって、それを受け入れる市場・顧客創造がマーケティング、動かすのがエンジニアリング、可視化して目に見えるものにしていくのがデザインです。本書の冒頭で「三種の神器」を例に出したのも、デザインが

「何かを付け足す」ことではなく、もともと必要で大切な要素の一つであるということを、ぜひ感じ取ってほしかったからです。

## ●アイデンティティのデザイン

アイデンティティのデザインというとちょっとピンとこないかもしれませんが、いわゆる、ロゴタイプやシンボルマーク、キャラクターのデザインなどもそれにあたります。「……の願いを込めて」「……をイメージして」「○○のマークの作成にあたりました」などの文言であれば、製品や企業ブランドのＣＩのページで見かけることもあるのではないでしょうか。

アイデンティティのデザインで最も具体的でわかりやすいのは「デフォルメ」の技術を使ったキャラクターではないかと思います。たとえば「グリコ一粒３００メートル！」という、皆さんもよくご存じの、バンザイして走っているおじさんを思い出してみてください。もちろん、キャラメル一粒なめただけでとても元気になるということはわかりますが、平成も二ケタのこの時代に、この格好で走る人はいません。ですが、時を超えても、「一粒３００メートル」「バンザイ！」というビジュアルは「とてもパワーのあるものですよ」という、ちょっと大げさなたとえ話として、非常にわかりやすいのだと思います。

そもそも、キャラクター（character）の語源は「刻まれた印、記号」だそうですから、こういったキャラクター手法をとると決めている時点で、キャラクター化される「対象」、つまりイベントであれ、製品であれ、地方自治体であれ、エコプロジェクトであれ、コンセプトが「突出していて何かにたとえられるほど」はっきりとしていることが前提です。

ですから「なんとなく、企画がユルいなー」「地味で目立たない団体だから」「なんとなく特徴がないから」などという理由でキャラクターの導入を考えることはあまり意味を持ちません。実際には、こういうケースでもキャラクターの導入を行うことは多いでしょう。ですが、キャラクターをつくる前に、まずはしっかり「アイデンティティ」を磨いておいた方がいいのです。ましてや「つくるのが難しいから公募で」というのもいささか信じがたい状況です。

デフォルメの例としてはこのほか、皆さんもよくご存じの「スターバックス」があります。シンボルにあしらわれた「セイレーン」はギリシア神話に登場する半人半魚（元は半魚でなく半分鳥）の想像上の生き物です。

スターバックスCEOのハワード・シュルツ氏の自伝『スターバックス成功物語』などによれば、スターバックスのロゴマークには「類いのない、セイレーンに出会うほどの驚き（のコーヒー豆の香り）」という創業の思いと、「感動を届ける」という変わらないビジネススタンスの二つの意味が込められているそうです。

先ほどのツイッターのアイコンと三種の神器の話を思い出してください。その「名」と、「エピソード」と、「顔」といったもののつながりが弱ければ、メッセージとしても弱く、コミュニケーションも当然難しくなってしまうのです。

「ウチの団体のイメージって、なんか弱いから、絵にしやすい、キャラクターつくりやすい、いい神様とかって、どこかにいないかなぁ……」と、そんな心がけでアイデンティティのないままでキャラクターなどをつくっていたら、神様だって力を貸す気になれませんよね。

フェイスブックが利用者に実名での利用を推奨し、同一人物の複数アカウント利用を禁止するなど、徹底した実名主義を貫いているのは有名な話です。これについて創業者のマーク・ザッカーバーグ氏は、ネット上に二つの人格があること自体が「不誠実」と発言しています。

ネット上で実名を出すべきか否かという問題についていえば、私自身は、発言主をきちんと特定できる記号さえあれば、特に実名か匿名かにこだわる必要はないという立場ですが、記号として用いるビジュアル、つまり「見せ方そのもの」については統一性が必要だし、発言の内容にふさわしいものでなければならないと思っています。

なぜならそれが、ブランドの考え方そのものだからです。


マークのデザインの話に戻ります。

あなたとアイデンティティ（シンボルマーク）がそのままイコール（＝）であるというデザイン、つまりあなた自身の記号化という考え方も、大変にポピュラーなアイデンティティデザインの手法です。

あなたとアイデンティティが、はっきりとイコールであるということ。あなた自身の印、つまり記号化されたものがマークというパターンです。


これは、先に説明したアップルもそうですし、ソフトバンク（海援隊旗をモチーフにした2本のライン）やアウディ（フォーリングス）もそうです。高度に抽象化された記号そのものを、自身の記号だと解釈して、世の中に対してもはっきりと宣言して（コミットメントして）いるという状態になります。

マーケティングの父といわれるフィリップ・コトラー氏はその著書『マーケティング3・0』の中で、現代社会（モノや人でなく価値の時代）におけるブランドの大切さについて以下のように書き記しています。

■ブランド・アイデンティティ（Brand Identity）
「ポジショニング」「ブランド」からなり、ブランドを消費者のマインド内にポジショニングすること。消費者のニーズや欲求にとって意味を持つ。

■ブランド・インテグリティ（Brand Integrity）
「差別化」と「ポジショニング」からなり、誠実であること、約束を果たすこと、消費者の信頼を醸成すること。

■ブランド・イメージ（Brand Image）

「ブランド」と「差別化」からなり、消費者の「エモーション」つかむこと。

カタカナ用語で気が遠くなりそうですが、このブランド・アイデンティティとブランド・インテグリティとブランド・イメージの三つは、本書の中ですでに何度も出てきている三種の神器（鏡と剣と玉）です。

デザインという印象をつくる過程においても、まずは誠実に取り組み、裏切らないということはつまり、ブランドにおいても裏切らないということなのです。

## ◉シンプルデザインはなぜ強いのか

スターバックスでは、グローバル展開およびコーヒー事業以外の進出に先駆け、「セイレーン」の周辺のロゴマークを外すという作業を行ってきました。

文字がなくなってもセイレーンがセイレーンであることに変わりはありませんが、その形も少しずつ変化し、かなりシンプルになった印象があります。

これは、アップルやナイキなどにも見られた現象なのですが「ブランドの拡大」と「シンボルマークのシンプル化」が連動しているのです。

アップルのリンゴマークが特にわかりやすいと思いますが、創業時はかなり細かく描き込まれ、まるで中世を舞台にした宗教映画の中のワンシーンのような情景がマーク化されていました。それが、7色のリンゴマークになり、望まぬ衰退のあとのジョブズ氏復活でさらにまた、現在のシンプルな形になっています。

「シンプルは強い」「シンプルデザインがいい」などの記述は皆さんも見かけたことがあるでしょう。

シンプルなシンボルマークがなぜ強いかという説明について、私自身はいつも、人の「目」の構造の話をします。

これは、第二章で出てきたフォーカスと構図の話とまったく同じなのですが、人間の目が二つあるのは「たくさんのものを同時に見るためではない」からです。草食動物や昆虫などの中には「広い範囲の多くのもの」を「同時に」見るために適した目の構造を持っているものがあります。

これらの動物や昆虫にとって、「見る」ということは「たくさんの情報」を見る、つまり目を配るということです。食うか食われるかという自然界にあって、自分の目の前にあるものだけでなく、顔のほとんど後ろにあるようなものまでも見えるようにできているのです。

一方で、人の目は、まっすぐ前を向いて目の前のものを見ることがうまくいくようについています。これは、人間が二人の相手を同時に見ることよりも一人を見つめることが得意だったり、たくさんのことをいっぺんに処理するよりも一つのことをしっかりと見極めることを大切にする生き物だからです。

シンプルであることが強いというのは、要素が少なくなればなるほど、「はっきりと見える」からです。そして、はっきり見えるということは、「あれもこれも」という迷いがない状態です。

見る方も見られる方も、自信を持って堂々としていることができる。だから強くてしっかりとしているように見えるし、見る側もしっかりと見つめられるのです。

シンプルにすることがいいとわかっていても事業においては、付随する情報は増えることはあっても、減らしていくことは、とても難しいといえます。特に、企業のアイデンティティデザインの管理は非常に専門的な知識を必要とします。手間ひまもかかるのですが、何よりも判断が難しいのです。

昨年、青森県のあるゴルフ場から、ＶＩ（ビジュアル・アイデンティティ）の相談を受けたのですが、ゴルフ場でありながら、宿泊施設としてもアプローチしたいし、キャラクターもつくって物販も広げていきたいし、高級感も独特のコース設計も……という、まさにニーズもコンセプトも、ターゲットも盛りだくさんという状況でした。

ツイッターで１４０字目一杯に、あれもこれも詰め込んだツイートを思い出してください。いいたいことは何一つ伝わらず、視覚的にはただの文字のかたまりに見えるだけで、ただ「まとまっておらずごちゃごちゃしている」ものとされてしまうと書きましたよね。

本島最北端のこの夏泊ゴルフリンクスの場合は、こういったメッセージの混乱を避けるために、主格となるブランドの統一を図ってビジュアルのコンセプトを再整理すると同時に、用途別のブランドの細分化を行いました。

ウェアやキャップなどの物販には、「キルトゴルフマン」（次ページ右下）のキャラクターを使用する、ホテルのシンボルマークにはロゴを使う、オリジナルブランドには英文ロゴマークを使うといった具合に、それぞれがシンプルになるように再整理したことで、伝えたいターゲットや目的が非常に明快になったのです。

明快であるということは、伝わる範囲が広がると同時に、コミュニケーションがし

SUMMER LODGE
夏泊ゴルフリンクス

**ゴルフ場、宿泊施設**

NL 夏泊
NATSUDOMARI

ゴルフ場は、地名訴求
「夏泊」を漢字で目立たせてローマ字併記

**プライベートブランド**

NL
Natsudomari Golf Links
Members Club & Private Lodge

オリジナルブランドはマーク訴求
イニシャルの「NL」は今後、他ゴルフ場へも展開

**ゴルフグッズ**

NATSUDOMARI LINKS

ゴルフグッズはキャラクター訴求
「キルトゴルフマン」のチェックもオリジナル柄

やすくなるということです。そもそも、コミュニケーションできないものに対して、センスも何もあったものではありません。コンセプトそのものを明確にすることはメッセージがはっきりする。世界観もはっきりする。方向性もはっきりするということです。

この夏泊のゴルフ場などを含め、「効くデザイン」＝「デザインマーケティング」という観点からは、価格帯をイメージさせるデザインであること、つまりブランドポジショニングが必須です。

多くの「新規参入」案件においては、「新しいのに、すでに購入しているものよりも価格が高い」ということ自体が難しくなっています。

シンプルでないデザイン、つまり装飾的なデザインでも、高く見せようとすることは可能なのですが、より多くの人に、瞬時に、かつ、ぶれずに高級感を伝えるには、やはり「シンプル」が最強です。

高いグレードがつくホテルの多くは、ホスピタリティに優れる一方、無駄なものも無駄なサービスも見当たりません。装飾やインテリアもすべてコンセプトと一致しています。シンプルに見えるということは、意味のあることのみで構成されているということだからです。

たとえば、コンセプトが脆弱な商品の広告をつくるという依頼を受けたとき、主題もなく、空間が持たないというようなことがよく起こります。そして、多くの人は「目立たないものを目立たせる」ために、間違った工夫をしてしまいがちです

安売りのチラシのように、切り抜きの商品の上に大きく二重価格を入れ、キャッチコピーの下に座布団を敷き、背景にはグラデーションを敷き、文字はフチとシャドーで装飾して……。

そんなビジュアルで「目立つ」ことは100%不可能です。

たいしていうこともないのに、大げさな美辞麗句を並べても、デフォルメにさえなりません。

洋服だけが立派で「センスがいまいち」な人と同じく、いくら派手な宣伝文句や装飾で飾り立てても、コンセプトに沿って整理されていないものはデザインと呼べないのです。

## ◉「自信」をデザインする

以前、ドイツのミーレという家電メーカーの販促のお手伝いをしたことがあるのですが、その開発思想、デザインのコンセプトは欧州のメーカーらしく非常にユニークです。ご存じの方もいらっしゃるかもしれませんが、ミーレの冷蔵庫には、その冷凍力に抜きん出た競争力があり、それ以外の特徴は比較的控えめです。掃除機にしても然り。抜群の吸引力が売り物ですが、その他の特徴はとりたてて謳っていません。そして、それは、時代を超えて変わらぬコンセプトです。

先日、十年ぶりくらいにミーレの冷蔵庫のカタログをチェックする機会があったのですが、その存在感にぶれるところがありません。「プラズマクラスター」も「真ん中野菜室」も何もついていないのですが「食品が冷える」「食品を冷凍して保存する」ことに自信があり揺らぎがないのです。

ミーレは、その設計やデザインのコンセプトを価値と捉え、自社のブランドとして、そこから目をそらすことはありません。世界中の市場で何十年も変わらぬブランドイメージを保てるのはそのためです。「決して変わることのない信念」をデザインのゴールに設定したとき、それは受け取る側には「揺るぎのない自信」として認識され、色褪せることはありません。

「よく冷える冷蔵庫」
「パワフルな掃除機」

一度好きになってもらったら、ずっと好きでいてもらうということの大切さを知っているから、「祖父母の時代からずっと冷蔵庫と掃除機はミーレでした」というような物語が生まれていくのです。

私が「少ない広告宣伝費を効果的に使うにはどうしたらよいか」という相談を受けたときは、迷わずブランドやアイデンティティに投資しましょうとおすすめしているのは、企業の思想や姿勢、考え方といったものはすべてブランドの中に見つけることができるからであり、「お客様に選ばれるための答え」は結局そこにしかないと思っているからです。

## ◉個性的であることを恐れない

ミーレの冷蔵庫がユニークであるがゆえにずっと愛され続けるという話をしましたが、ユニークさを求める傾向は日本のビジネスの世界でもだんだんと多く耳にするようになりました。

もともと日本のビジネスシーンでは「個性的」であることというのは、あまり重要視されてきませんでした。私たちデザイナーの世界でさえ、その傾向は明らかです。新規案件の依頼時にリサーチされることといえば、「その業界の仕事をしたことがあるか」「理解や知見を持っているか」の確認だけで「斬新なアイデアと新しい風を!!」という大義名分でデザイナーをプロジェクトに迎え入れるような企業はありません。企業の中でそのようなリーダーシップを持つことそれ自体がかなり難しいことであったのだともいえます。

今、世の中は変わってきています。

第一章で私の子供の頃の、鬼の面のエピソードを紹介しましたが、今は「他人と違ったことをして落ちこぼれてはいけない」という時代ではありません。逆に、このまま何もしなければ、船は沈んでいってしまうというような状況であれば、あなたの思いつきや新しいアイデアで翼がはえて、多くの人が大空に飛び立てるチャンスをつかめることもあるかもしれません。

そういった意味では、デザインや創造性という技術をもっともっと多くの人が使えるようになることが、未来への道を切り拓くスイッチになっているように思えてなりません。

デザインはデザイナーに任せておけばいいというものではありません。

すべての人がもともと持っているデザインセンスや創造性というものを、専門分野の人たちにだけ託していては、もったいないですよね。

## ◉信者を生み出すアップルのデザインマーケティング

アップル社は2011年、時価総額でマイクロソフト社を抜き去り、収益率・額とも過去最高額と飛躍的な発展を続けています。グーグル、フェイスブックについても、その成長ぶりをご存じないという方はいらっしゃらないでしょう。

情報化、グローバル化といわれる今日、その企業体の大きさにかかわらず躍進を遂げている企業、事業には技術革新やファイナンシャルはもちろんのこと、それらと同等かそれ以上のレベルでデザインやマーケティングがずば抜けているという特徴があります。

アップルのデザインマーケティングでも特に秀逸なのは、やはり、バリューイノベーションでしょう。

バリューイノベーションとは何か？　簡単にいうとこういうことです。たとえば、以前買ったMacの調子が悪くなってきてどうしようかと考えたとき、かつてPowerBook G4は30万円近くしたのに、スペックもよく、デザインもコンパクトで軽量かつ格段にクールになっているMacBook Proが、もうすっかり20万円を切っているという状況です。安くなっている上に、機能性に優れ、デザインが格好いいのです。いつ壊れるかわからないマシンを使い続ける必要があるでしょうか？　ありませんよね。

格好よくなって、新しくなって、価格もお手頃。これは、単に買い替えの「いいわけ」をつくりやすくするばかりでなく「乗り換え」のユーザーにも大きなインプレッションを与えるアップルの定石となりました。できてしまっているものを「必死に売る」のとは、そもそも、見ている世界が、めざしているレベルがまったく違うのです。

私自身はアップルのマッキントッシュの、いわばアドバンスユーザー（大昔、黎明期からの利用者）でしたので、現在の躍進劇については驚くばかりというのが正直なところ。本当に大丈夫なんだろうかという時期がアップルにはあり、クールではない、マイナー時代のもっさりとしたマッキントッシュを購入していた時期のことをよく覚えているからです。当時のアップルユーザーにとって、現在の姿の方が信じがたいといっても過言ではないかもしれません。

少なくともアップルについていえば、アウトサイダーであった立ち上げの時期があり、伸び悩みと沈没の危機を乗り越え、「革新」的なチャレンジや大胆な発想の転換、ダイナミックな発想の展開、目を見張るビジネスモデル、プラットフォームとしてのiTunes戦略、そして、何よりもニッチではなくメジャーとして受け入れられる「洗練されたデザイン」があってこそ、製造業として今日に至っています。

ご存じの方も多いかとは思いますが、アップルの成功の一つに、宣伝費や広告費を払ってもいないのに勝手に宣伝してくれるアーリーアダプター層の熱烈なファン「アップルエヴァンジェリスト」の存在があります。これらの狂信的アップルユーザーは、常に誰よりも先駆けて早くアップルの新製品を導入し、レビューを書き、次なるアップル製品を買おうかどうしようかと頭を悩ませる人々の背中をやさしく押すのです。「早く、みんなもこっちへおいでよ。L:ionは超クールで快適だよ！」

アップルの躍進は、このようなアップルエヴァンジェリストの存在を抜きに語ることはできません。「売り上げが好調で、○○万個すでに売れました！」「機能が○○倍優れています！」という、マジックナンバーを掲げた「すでに売れています!!」戦略で達成されたわけではないのです。

自分のお財布を開いて自分の意思で購入したまっとうなユーザーであれば、新しいインターフェースが驚くほど快適だったら、そのスタイリッシュなデザインを手にしたとたんに鮮烈な喜びを感じていたら、自分のブログやツイッターで口を開かずにはいられないのです。「買ったよ!」「いいよ!」「格好いいよ!」「クールだよ!」「あなたもどう?」

アップル製品購入の喜びや感動を告げるブログやツイッターをあなたも見かけたことはありませんか?

手間ひまをかけて製品そのものに本気で丹精を込めれば、ユーザーにそれは伝わります。購入した価格に対して、その価値が見合っていれば、顧客は満足します。

日本において販促・宣伝のサポートをしていると、「モノ(製品)をまずは磨く」ということをないがしろにしてまでも「売るテクニック」のみに執拗に執着する姿をよく見かけます。

「売れた」「儲かった」に対する反応率が気になって仕方がないという気持ちはわかりますが、このように、市場におけるデザイン戦略製品の占有率が高まれば高まるほど、すでにできているものを売ることだけ考え続ける習慣にはそろそろストップをかけて、今売ろうとしているものそれ自体に再注目すべきです。特にデザインについては一定期間ごとにこのままでいいのかという見直しをすべきではないでしょうか。

## ●自社の社名をPRして愛されるグーグルホリデーロゴの不思議

「ロゴタイプ」のデザインについては、多くの人が関心を寄せています。セミナーなどでそのポイントや戦略など、かいつまんで説明することもありますが「もっと知りたいのだけれど」というリクエストをよくいただきます。

起業したり新しいサービスを始めるとすれば、最低でも「ロゴづくり」には関わらなくてはいけません。ところが、ロゴの役割や目的、その可能性について正しい認識を持っている人というのは驚くほど少なく、それゆえに損をしてしまっている、残念なケースというのをよく見かけます。

これは、実際にロゴタイプをつくってビジネスにしているデザイナーの教育や育成のカリキュラムにも原因があります。デザイナーの多くは、デッサンや色を学んでいても、経営については関心を持っていません。

マーケティングについての知識はほぼ、本人のやる気と環境に依存します。ロゴが使われていく意味は、ほとんどがマーケティングベースなのに、つくられているデザインの現場の関心のほとんどは「色やカタチ」を超えることはありません。

一方、経営者や製品担当者の多くはデザインを「差別化」や「経営戦略」とリンクさせることができません。デザインのトーン・アンド・マナーについて、単に先行他社の資料を集めて参考にしてしまったり、今すでに売れているもののデータを集めて、それを評価や価値の基準値にしてしまいます。私の鬼の面を採点した小学校の先生と何ら変わりありません。

デザインマーケティングが優れている会社の中には、タレントや写真も使わずに、ロゴだけでプロモーションやPRを行い、多くの人のブログに紹介されて話題になるところもあります。

皆さんがよくご存じのグーグルです。

偉人生誕の記念日、国民の祝日などに、グーグルの検索画面ページの上に童話や名画、記念日をあしらったマークをご覧になった方も多いかもしれません。

もともと、企業のロゴであれば、お金を払って媒体に掲載してもらうというのが通常の広告の考え方です。ですが、グーグル社はその常識を覆し、無償で多くの人にアイデアに富んだおしゃれなイラストや朗らかで愉しいグラフィックを提供してもらうことで「そうか、今日は○○の日だったんだ」「もう、そんな時期になったのかー」と、明るい話題を提示し、その結果、口コミされ、検索され、さらに多くの人の目に触れるというユニークなプロモーションを成功させています。

考えてもみてください。自社サイトで、自社のロゴを使って、自己PRをしているだけのことなのに、多くの人が話題にしたり、勝手に口コミで宣伝してくれるしくみをグーグルは生み出してしまったのです。なんと効率のよい機知に富んだアイデアでしょうか。

一方、多くの日本企業は、高い媒体費を払うことこそが「広告」であると考えます。高い媒体費に見合うものは、広告らしい、広告の中の広告然とした広告でなければならないのです。当然ロゴ一個の広告など考えられません。

▲グーグルのさまざまなイベントロゴ

グーグルのイベントロゴに話を戻しましょう。ロゴ一つで広告としての機能を持たせてしまうのは実に上手なやり方ですが、特筆すべき点がもう一つあります。

イラストがしょっちゅう変わっていたり、文字のデザインそのものが季節のイベントを表すロゴになっているのに、なぜかそれがグーグルのロゴタイプであると認識できてしまうことです。まったく突拍子もないテーマで、ほぼ原形をとどめないような形や配色になってさえも、なぜか私たちはそれを、グーグルのロゴであると、きちんと認識します。なぜでしょう?

私たちの多くは、イベント用でない通常のグーグルのホームページを知っています。このサイトにきたら、検索窓の上にはG・o・o・g・l・eという文字があって、それがロゴだということがわかっているのです。ですから、「グーグルのロゴが○○になっている」というニュースを聞いてあえて読みにいくし、それを期待しているので何が書いてあっても「グーグルのロゴ」に見えてしまうのです。

なぜ原形をとどめない、正規のロゴタイプからは想像もつかないようなイベントロゴでも「グーグル」と読めるのでしょうか。それは、人がロゴを読むとき「カタチ」ではなく「意味」や「文脈」で見ているからです。

私たちは、ドクロのマークを見て、人骨とは解釈しません。かじったリンゴのマークをリンゴとは見ていません。ドクロマークは「海賊」、「かじったリンゴ」はアップル社のマークという風に、カタチではなくて、存在を記号化したものとして解釈しているのです。

### ●共創クリエイティブ思考

グーグルのイベントロゴは、いわゆる、情報の発信側からだけが仕掛ける広告イベントと異なり、ユーザーを巻き込んだ実に巧妙な「共創クリエイティブ」となっています。

共につくると書いて「共創」。「共創クリエイティブ」「共創マーケティング」などは最近耳にするようになった言葉です。ソーシャルメディアあるいはCGM（Consumer Generated Media）と呼ばれるユーザー参加型メディアの登場とともに現れた、新しい概念なのです。

ブログやSNSを通じて、私たちユーザーはしばしば、このグーグルのロゴの「つくり手」にさえなってしまうのです。

広告主とユーザーが共につくるということは、多数決や皆の意見をすりあわせるという旧来のモノづくりの発想とはまったく異なります。

どちらかといえば、4マス媒体（テレビ・新聞・ラジオ・雑誌）の時代に一方的に話題やブームをつくったのがPRであるのに対して、「口コミ」の進んだカタチ、つまり「マキコミ」などといわれる考え方に近いものです。

この、共につくる、すなわち「共創」という考え方にしても、「全体の」「詳細の」という話でいえば、その「全体像」のために、本来リンクすることのないジャンルの人々や専門家や一般ユーザーが次々にリンクして全体像をつくるという営みに象徴されます。その結果、グーグルブランド自体が、クリエイティブにリフレッシュし、ブランドとして強化されていくのです。

この、ユーザーをも巻き込んで「ブランドを強化」するというところに注目してください。巻き込むことさえが、ブランドデザインとして、もともとイメージされている、つまりグランドデザインの中の構想の一つなのです。

デザインマーケティングとは「すでにでき上がっているものを、がんばって売る」話ではないのです。常に、未来に向かって開いていること、成長につながるシナリオの上を、きちんと計算された戦略が走っていること。知らない誰かが、未知なる可能性がどんどんリンクしてつながり拡散されていくスキームを、もともと持っているからうまくいくといっても過言ではないのです。

デザイナーが偉いとか、マーケティングが主導だとか、営業あっての商売だろうとか、そういう時代はもう終わりを告げました。皆の顔色をうかがっている時代でもありません。

デザイナー以外の人もクリエイティブにならなければ、デザイナーの発案したアイデアだって、死に案になることもあります。あなたのアイデアがあれば、小学生がキャンペーンに協力してくれるような時代が到来したのです。たとえ営業主導のプロジェクトであっても、クリエイティブなチーム、イノベーティブな結果を生み出すことは可能です。

そのために、まずはあなたの中の「クリエイティビティ」を心して叩き起こさなければなりません。あなた自身がクリエイティブであることを忘れてしまったら、プロジェクトに「創造性」なんて発揮できるはずがありません。

## ◉ずっと続く道を歩き続ける

個人のブランディングでも考え方は同じです。

アイデンティティやマークのデザインというのは、少なくともキャンペーンごとにつくり替えるものではありません。それとまったく同じ理由で、パーソナルブランディングのデザインを考えることで最も大切なこと、それは「道はずっと続いている」ということです。

フェイスブックやツイッターのアイコンにしても、どうしてもすぐに飽きてしまったり、長く使い続けることがしんどいというようなものであれば、そもそも「アイデンティティのデザイン」としては向かないということになります。

アイコンをしょっちゅう変更する人はフォロワーが増えないといわれますが、一面の真実ではあるかもしれません。

自分のマークを「ひよこ」にしてしまって、しばらくしたら「猫」にしたくなったというのでは、とてもブランドにはなり得ませんし、アイデンティティも何もあったものではありません。

ここで、どうやったら自分自身を可視化、ブランド化できるかというフレームワークを簡単に紹介します。

ややこしく入り組んだことをとてもおおざっぱに説明しますが、ここまで述べてきたことのまとめにもなっているので必要に応じて、該当するページに戻ってみてください。また、もし、ご興味を持っていただいた方は、『売れるデザインのしくみ』もぜひ、参照してみてください。こちらでは、企業担当者向けに、よりしっかりとしたフレームワークを紹介しています。

あなたのケースで考えよう-1

ネット時代に見せるべき「知性」や「個性」、「能力」や「魅力」を鏡・剣・玉（三種の神器）にたとえてあらわしてみよう

## POINT1

3i［Brand Image＋Brand Identity＋Brand Integrity］

BRAND IDENTITY　玉＝名（起源）／ハンドルネーム・ネーミング

BRAND INTEGRITY　剣＝武器／プロフィール・独自性、ポジショニング

BRAND IMAGE　鏡＝像／アイコン・ロゴタイプ、キャラクター

**本文掲載ページP005**　**「鏡・剣・玉」**
**本文掲載ページP019**　**アイコンを変えたら誰だかわからない**
**本文掲載ページP049**　**三種の神器は「見せる」「伝える」コミュニケーションのフレームワーク**
**本文掲載ページP150**　**デザインマーケティング**
**本文掲載ページP170**　**個性的であることを恐れない**

あなたのケースで考えよう-2

あなたの「個性」（らしさ）や「ポジショニング」（強み）を
ビジュアルやイメージであらわしてみよう

## POINT 2

相手が「価値」を感じる「自分らしさ」とは？

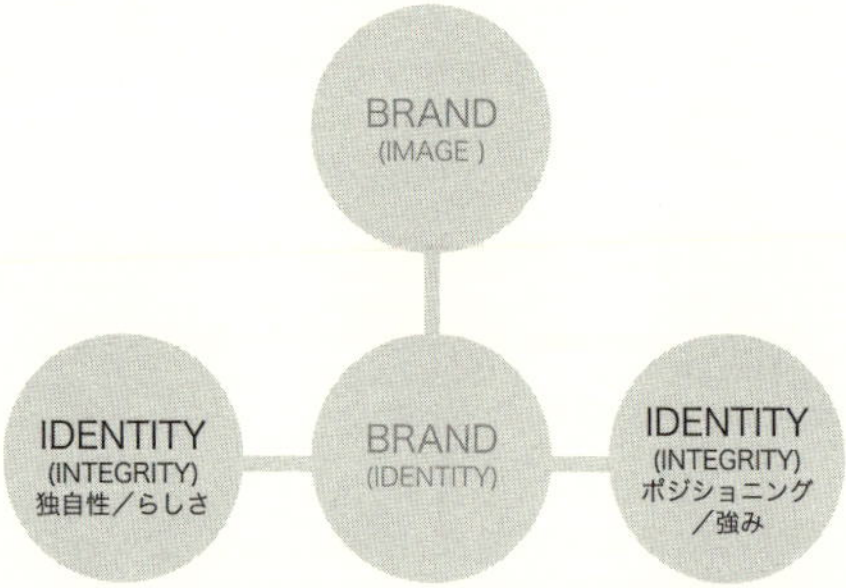


**本文掲載ページP096　「ふさわしさ」のデザイン**
**本文掲載ページP098　「クラス感」とは何か**
**本文掲載ページP136　「誠実さや高級感」を出す**
**本文掲載ページP168　「自信」をデザインする**
**本文掲載ページP170　個性的であることを恐れない**
**本文掲載ページP187　ずっと続く道を歩き続ける**

## あなたのケースで考えよう-3

「なりたいイメージ」や「見せたいイメージ」をつくるために
あなたがしておくべきこと

### POINT3
方向性を明確にする

可視化のためのステップ［direction］・・・・方向性を明確にする

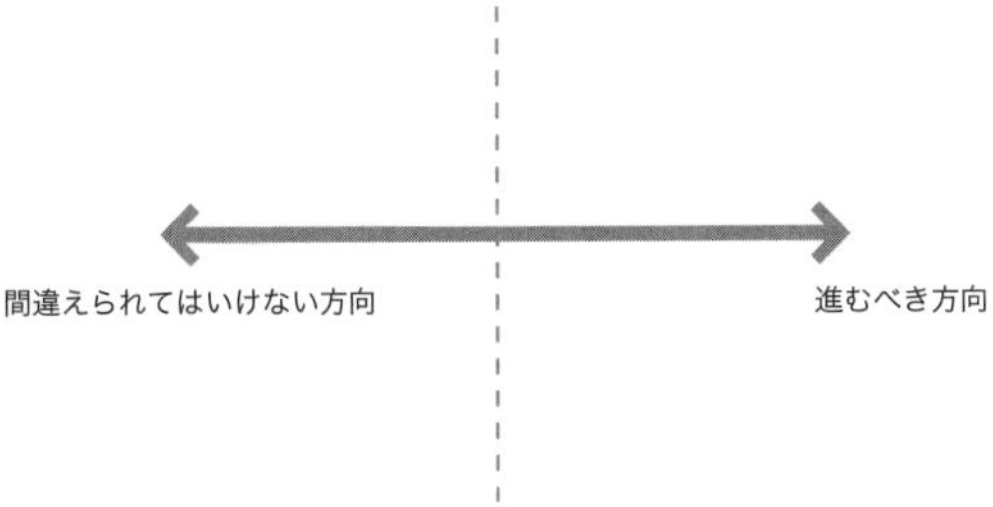


**本文掲載ページP090　なりたい自分になるための色選び**
**本文掲載ページP096　「ふさわしさ」のデザイン**
**本文掲載ページP187　ずっと続く道を歩き続ける**

あなたのケースで考えよう-4

「なりたいイメージ」や「見せたいイメージ」をつくるために
あなたがしておくべきこと

**POINT4**
ターゲット（デザインの対象範囲）を明確にする

可視化のためのステップ［reach］・・・・ターゲット層の想定

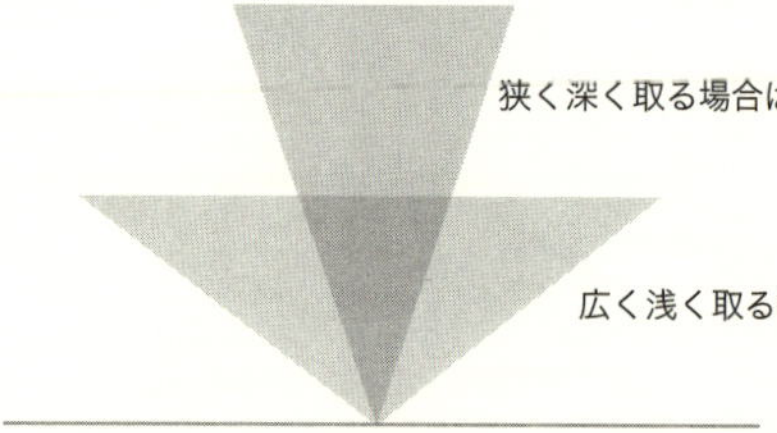


**本文掲載ページP096　「ふさわしさ」のデザイン**
**本文掲載ページP102　「見やすさ」と「わかりやすさ」をデザインするには**
**本文掲載ページP108　「よい・悪い」vs「好き・嫌い」**

あなたのケースで考えよう-5

「なりたいイメージ」や「見せたいイメージ」をつくるために
あなたがしておくべきこと

## POINT5
デザインのクラスとタイプを明確にする

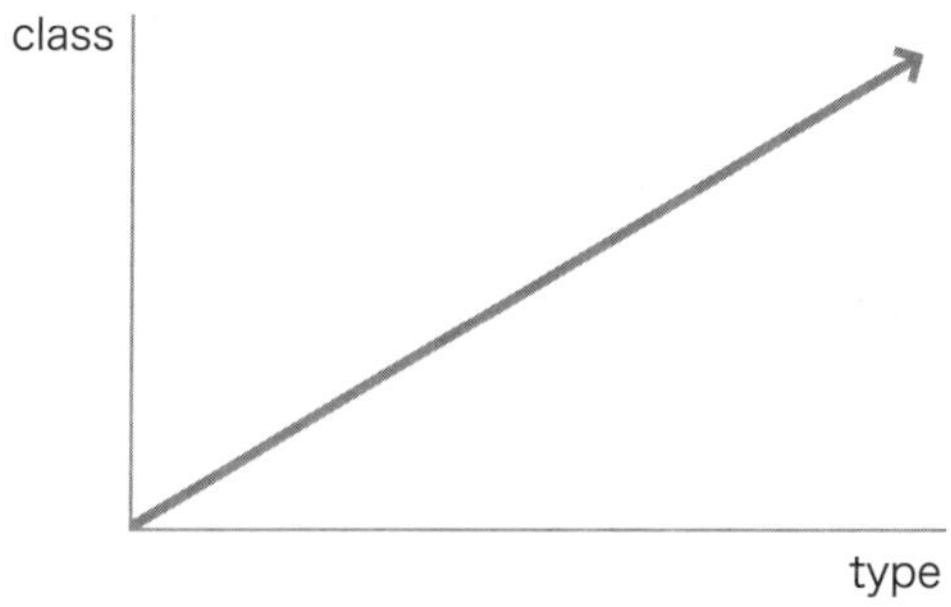


本文掲載ページP098　「クラス感」とは何か
本文掲載ページP136　「誠実さや高級感」を出す
本文掲載ページP168　「自信」をデザインする
本文掲載ページP170　個性的であることを恐れない
本文掲載ページP187　ずっと続く道を歩き続ける

# 第五章　デザインがわかると未来が見える

## ◉モチベーションを高めるデザイン

新しいチャレンジには、ストレスや悩みがつきものです。お金や時間を充分にかけて検証できないチャレンジであれば、なおのこと。新しい土地に引っ越す、新しい職を探す、配偶者の両親と同居を始める……。新しい事業やサービスを起こすということもそうです。

これらの先の見えない新しい挑戦に対して「ウキウキ」「わくわく」とつき進んでいるのと、「あー、もう、大変だなぁ」という思いを抱えて臨むのでは、効率にも結果にも雲泥の差が出てしまいます。

とても簡単にいってしまうと、テスト前に気に入ったデザインの文房具を買って勉強すれば、わくわくして、それだけでもだいぶ気分は変わりそうですし、キレイな色のマーカーで線を引き始めたらノートまとめがはかどることでしょう。

あるいは、昇進と同時に大きな責務を追わなければならない重圧を感じながらも、名刺のロゴがただの印刷から箔押しになったのを見て、「ああ、本当に昇進したんだな」と思わず背筋が伸びたりするのではないでしょうか。
見切り発車のようなかたちで焦りながら、全速力で走り続けなければならない未知への挑戦はとてもヘビーです。気をつけないとゴールにたどりつく前に「力尽きる」ことになりかねません。望むべき結果をあらかじめデザインしなくてはいけません。

技術力に自信を持っていて、大手の下請けから脱出したいという希望を持つ工場などから、プライベートブランドの立ち上げなどについてお問い合わせをいただくことは多いのですが、こういった不確実な「未来を描く」作業において、デザイン戦略を導入することは「プロジェクトを加速する」といった意味で大きな力を持ちます。「加速」するということはただコトが早く進むというだけの話ではありません。実行力を上げる、士気を上げるといった「パワーアップ」の意味もあります。

個人の場合も同様です。新しい職場探しなどの人生の新しい挑戦にも、同じように

「デザイン」を戦略的に取り入れることがパワーマネジメントとなります。
「期待する未来を描いて」(可視化、具現化)
「モチベーションを保つ」(インナーブランディング)

これらは、恐怖や疲労から押し寄せるストレスを弱めるだけでなく、スタミナを補い続け、時にうちひしがれそうになるやる気にスイッチを入れてくれます。

## ◉めざすものを形にして考える

アメリカ軍による震災直後の災害救助・救援作戦はオペレーション・トモダチ(Operation TOMODACHI)と呼ばれ、内外で注目を集めました。この呼称がなかったら、これほどニュースにはならなかったでしょう。

自分たちのミッションにふさわしい名前をつけてみるということは、作戦A、作戦

Bなどと呼ぶよりも、コミュニケーション手段として格段に優れています。

現場の士気は高まりますし、支援を受ける側の心象もはるかに好意的なものになるはずです。実際、司令官に感謝状を送った自治体もあるほどで、米軍の活動は感謝をもって受け入れられていたようです。ネット上でもその活動を讃える声が多く見られました。

「トモダチ」という、ミッションを明確にした作戦名により、人の気持ちをつかみ、行動へと駆り立てる。同じような効果が、デザイン戦略にはあります。

## ●あなたの夢をデザインする

アイデンティティのデザインについて、キャラクターとデフォルメ（かけ算／スターバックスなど）、ブランドを強くするシンプリシティの法則（引き算／アップルなど）、分割して再整理する（割り算／夏泊ゴルフリンクスなど）の例から、その求め方とポイントを見てきました。

この三つでは叶えられない夢、これが未来を描く技術、つまりアイデンティティの足し算（ビジョンの可視化）です。

起業からたったの一年で大変な活躍をされている経営コンサルタントの横田尚哉氏のブランディングデザイン戦略に関わったときの話を紹介します。

横田尚哉さんは、著書『ワンランク上の問題解決の技術』でも知られる問題解決の専門家です。公共事業の改善に挑み十年間で総額2000億円分のコストカットを実現したことで一躍時の人になりました。横田さんが特集されたテレビ番組をご覧になった方も多いと思いますが、さすがに起業の際にも、とてもはっきりとしたコンセプトをお持ちでした。

横田さんの問題解決の技法は「ファンクショナル・アプローチ」と呼ばれています。

これは、あらゆる事柄を、カタチではなく「誰のため？」「何のため？」という「機能」に注目するものです。ファンクショナル・アプローチでは、余計なものをシンプルに、いらないものは省いていくという作業が繰り返されます。

ですから、社名はそのまま「株式会社ファンクショナル・アプローチ研究所」。ロゴについては、ファンクショナルのFとアプローチのAを合体させて、読めるギリギリのところまでシンプルにするというコンセプトが、まずは候補に挙がりました。ファンクショナル・アプローチの「削る技術」に注目したのです。

一方、最終的に採用されたクラシカルな文様を絡ませたFのデザインは、ファンクショナル・アプローチの素晴らしさを広く知らしめたい、そしてこの高度な技術で日本に顕在する問題を一つでも多く解決していきたいという横田さんの熱い思いを可視化したものです。ビジネスより教育機関、研究所としての存在の方に光を当てたかったのです。

当時、土木関連事業で何十億円ものコストカットに成功し、巨大公共事業プロジェクトを次々と改善していく横田さんご本人は「改善士」の威名をとどろかせていました。

しかし、ロゴデザイン採用という観点においては、現状の誇示ではなく、未来を描くこと、つまり新しい事業では、人を育て、日本という国をよくしたいという気持ちをもっと前面に出したいからという要望で、現案に至るまで改良を重ねました。

世の中には「シンプルこそがデザイン」というコンセプトももちろんあるのですが、横田さんの場合は実際の仕事そのものが、不必要なものを機能的に選り分けていくことですから、「改善士」のイメージを強調して「シンプルすぎるデザイン」にしてしまうと、逆に畏怖の対象になってしまいかねません。また、ちまたにあふれるベンチャーコンサルティングファームと同じ類いに見えてしまう可能性もあります。

ザ・リッツ・カールトン大阪で行われた講演会では、横田さんは会場のスクリーン

1.「豊かな未来」を描く
トーン・アンド・マナーをまず策定

2.四角形から丸へ

3. 納品されたロゴ

4. 企業ビジョンをデザインとしてステーショナリに反映

に巨大なロゴを投影しました。セミナーの参加者からは、「とてもいいロゴですね、感動しました」という声をいただいたそうです。

ただ、これは、実際にはロゴが褒められたわけではありません。ロゴに込めた思いや意味に、共感をしてくれたということです。そしてロゴと同化したから「感動」という言葉を使ってくれたのです。つまり、同志をデザインで引き寄せることができたのです。

デザイナーの好みやポリシーという作家性はもちろん大切なのですが、ロゴは発注者の未来をかざすシンボルでもあるわけです。であれば、それは、プロジェクトの進行を二十四時間見守るパートナーになることが可能です。

つらい状況に出合ったときでさえも常に堂々としているための支えになり、一方で人が見ていないところではそっと背中を押し続けてくれるような、味方であり同志なのです。

## ◉デザインが組織の士気を高める

ブランドづくりにおけるデザインの重要性については、前章でも述べてきましたが、実はブランドとは顧客のためだけにあるのではありません。

ビジネスシーンにおいて、組織内部のために行われるブランディングを「インナーブランディング」といいます。インナーブランディングがめざすところは、組織のめざすべき姿、ビジョンを具体的な形にし、チームのメンバーで共有することです。個人の内面にまつわるものであれば、個人の強みやその人らしさ、あるべき姿といったものを具現化していくためのツールといえるでしょう。そのどちらも、成功の鍵は「ビジョン」が握っています。ビジョン（vision）は文字通りにいえば「視覚」ですが、先見（先を見ること）や未来像の意味も持ちます。視覚マーケティングは、つまり、未来ブランディングと直結しているということです。

この前まで「○○」というキーワードで声を張り上げていたのに、「□□」が流行ったらそっちへ……。しばしば、そういう人に出会うことがあります。
ビジネス書のテーマでいえば、ライフハックが流行ったから、早起きが流行っているから、スイスデザインが流行っているから……。マーケティングの餌食のようなターゲットに、誰だってなりたくないものだと思いますよね。

この「あっちへふらふら、こっちへふらふら」現象は、もともと自身のポジション（立ち位置）や軸（方向性）というものに自信を持てない人がはまってしまう「罠」のようなものです。ブームと見ればなんでもかんでも乗っかって、あとでむなしい思いをすることのないように気をつけなくてはいけません。
そういった、浅薄なトレンドに振り回されないためにも、インナーブランディングは必要なのです。

インナーブランディングというと難しく聞こえるかもしれませんか、要はビジュアルシンキング（思考を目に見える形にしてみること）を通じた「あるべき姿」の可視化です。そう考えれば、迷い道にさしかかったときの取捨選択の助けになるものともいえます。

個人の場合においても、二社から内定をもらっていてどちらにしようかとか、マンションを買うか一軒家にするかといった選択が必要なとき、自分の価値観を表すビジュアルができ上がっている人は判断に迷いません。

携帯電話や車でも、はっきりとしたコンセプトを持つ製品は、デザインもはっきりとしています。チームビルディングでも、就職活動でも、円満な家庭生活でも、恋人との甘い関係づくりであっても同じこと。プロジェクトスタートのその最初に、色をつけ、カタチをイメージして、方向性をリンクさせて共有しておくことで、いやでもインナーブランディングは強化されます。

残念なことに、日本の多くの企業、学校などでビジュアルシンキングを推奨したり、取り入れるところは見当たりません。デザインのロジックも教えません。もちろん、可能性にさえ気づいていないという人は多いでしょう。

ビジュアルそのものが成果物である広告やデザインの打ち合わせでさえも、長い時間をかけて会議を重ねたにもかかわらず、気がついたら「振り出し」に戻るような状況はしばしば見受けられます。

「この段階で、なぜ、この話が出てくるかなぁ」

「堂々巡りしちゃったね」

こういった状況のほとんどは、会社の内部事情、体質、商習慣など「仕方のない」理由で片付けられがちですが、常日頃の「思考」活動と大きく関係しています。

広告やデザインの担当者であっても、商習慣や日々のタスクに追われてビジュアルシンキングのことなど知る由もない、つまり「未来」が見えていない状況で発注をし続けているのです。

はっきりとしたコンセプトは、明快でわかりやすく、シンプルなデザインは多くの人々を引きつけ、よいセンスと認識されます。色やカタチには意味があって、しっかりとしたメッセージを持ち、その全体像にマッチしたプランを継続していけば、しっかりとしたブランドが育ちます。

その最初の一歩が、ビジュアルシンキングであり、時に励まし、最後の目標達成までつき合ってくれるのも「ビジュアル」なのです。

ちょうどこの章を書いている2011年の8月、東芝は携帯電話製造からの撤退、日立はテレビ製造からの撤退を発表しました。私は以前に自分で使っていたこともあり、東芝の携帯電話がユーザビリティには優れていることを知っていましたし、日立というメーカーがさまざまな挑戦をしてきた優秀な企業だというイメージもありました。

携帯電話にしてもテレビにしても、将来性はあったはずなので、とても残念です。

「デザイン経営」をコミットメントとしているサムスンは、文字通りデザインをビジネスの軸としてフィーチャーして、躍進を遂げています。

アップルについては、ここまでの章で取り上げてきた通りです。

日本には優秀な技術者も、マーケティング担当者も、デザイナーも多く存在しています。それだけにとても残念です。

技術者が、マーケティング担当者が、デザイナーがいくら優秀であったとしても、つまらない企画書の中に閉じ込められてしまったら力を発揮できるはずがありません。

人間にはもともと、おのれに背いて望むことと逆方向に行こうとする、自己破壊の潜在意識があります。やめようと思ってもやめられない、やろうと思っているのにもかかわらず一歩を踏み出せない。

こういったジレンマのすべては、もともと人間が「間違える生き物」だからであり、自分のめざすところと違う方にふらふらと行ってしまう習性を持っているからです。

私たちはこれに打ち勝っていかねばなりません。

でも、そんなに人は強くありません。

だから、目の前に目印や旗印を掲げておくのです。ビジョンが大切だ、目に見えることが大切だというのは、つまりそういうことなのです。

## ◉メッセージのデザイン

「あるデザイン」が不幸と恐怖の象徴であったエピソードをお話ししましょう。ナチスドイツのハーケンクロイツがまさにそれです。映画『アンネの日記』に印象的なワンシーンがあります。隠れ家の窓から見えるハーケンクロイツは、悪と恐怖の象徴です。ヨーロッパではハーケンクロイツそのものが忌まわしい意味を持っています。それに似ているという理由で卍《まんじ》も使用を禁止されることがあるそうです。

なぜなら、人はそのカタチを見るだけで、人類すべてにとっての暗い過ちを、とめどもない哀しみを、耐えられない恐怖を思い起こすことになるからです。

とても極端なたとえ話をしましたが、アイコンが記号になると最初に書いたのは、つまりそういうことです。

今、私たちがデザインで呼び起こさなければならないのは、哀しみや苦しみを呼び覚ますメッセージではなく、もともと人間の中にあるタフネスやパワーです。喜びや愛情の力は、脳内に化学反応を起こします。

先日、自社でデザインしたロゴをオリジナルブランドのポロシャツに仕上げるという仕事がたまたま二件続きました。ロゴのデザインがよければ、ポロシャツもキャップもバンダナもとても見栄えのいいものになりますし、この、お揃いの格好いいポロシャツを着るということは、「私たちはチームとして連帯している」という視覚的なメッセージにもなります。

よく、恋人同士や仲良し家族で「お揃い」を着ると思うのですが、同じ持ちものを持ったり同じ服を着るというのは、インナーブランディングであると同時に、第三者に対するメッセージでもあるのです。

もしかしたら、最初は一体感などみじんもなかったチームでも、お揃いのポロシャツで作業をすれば、心が一つにつながります。チームのモチベーションも上がります。

昇進の際に、名刺の紙が分厚く、ロゴ印刷が箔押しになるということは、「会社にとって大切な人だ」というメッセージを、ずっと自分の手の中に持ち続けることです。

デザインには期待や希望をメッセージとして伝える力があります。

特定の視覚現象やメッセージが言葉以前の人の感覚的な領域を活性化させ、人がそもそも持っている能力を引き出し高めることができるのです。

## ◉未来をつくるデザイン

自分の望むべき未来をつくるのに、デザイナーを呼ぶ必要はありません。新しい職場を探す、今までと違う生き方にチャレンジするといったところに戻りますが、望むべき未来をつくりたい今のあなたに必要なのは

モチベーションのデザイン
人間関係のデザイン
希望のデザイン

です。モチベーションのデザインについては述べましたので、ここでは主に人間関係のデザインについて考えてみましょう

よく、いい回しやメールのテクニックで人間関係をつくれるような話を見聞きします。ですが、一対一の人間関係で相手を尊重したり気を使うということが大切なのは

ともかく、組織やチームづくりのデザインとして、本当に機能し得るのかというと、少し疑問を感じます。

効率よく成果を挙げることができるクリエイティブなチームというものは、それ自体すでに、印象も構造もとても上手にデザインされています。

具体的にどういうことかというと、ピラミッド型の人間関係のデザインでは、コミュニケーションのスピードが遅くて、たった一つの課題突破でさえ、いちいちストレスにさらされなければなりません。

図を描いて物理的な距離で見れば、それは一目瞭然なのですが、上司から部下、部下から担当者という距離は、なんと遠いことでしょう。

これに対し、デザインに優れた、たとえば次ページの図のような円卓型の人間関係を描けば、圧倒的な量の情報が、瞬時につながり合っていくさまが見て取れます。直列的なデザインではなく、円心に集中しているデザインは、構造としても強く、かつ

## ピラミッド型（管理職／アシスタント）

アイデアからプロジェクトリーダーまでの距離 5A

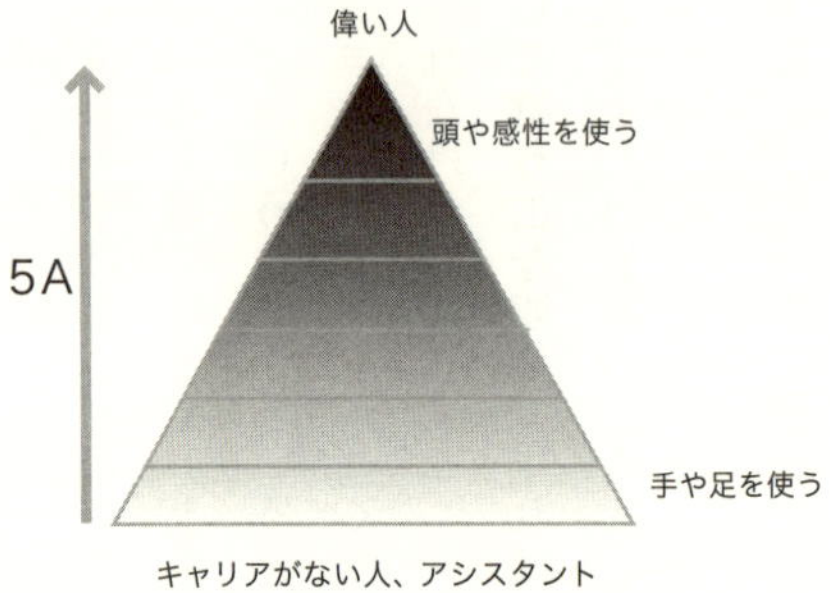


## 円卓型（リーダー／プレーヤー）

アイデアからプロジェクトリーダーまでの距離 A

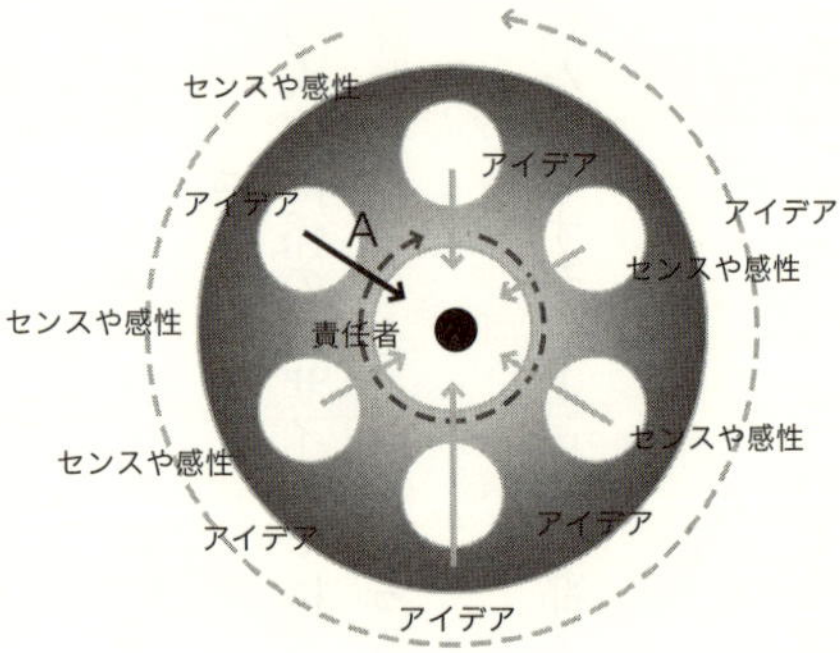

効率的なつながりや結びつきを生むことが可能です。これは、欧米のマーケティングやクリエイティブエージェンシーなどではすでに採用されているチームの「デザイン」の一つなのです。

品質の管理のために、どこかのポイントに情報を集約させるというのは、もちろん必要な工程となりますが、円卓型が何よりも優れているのは、アイデアやセンスの通り道があること、つまり、凡人の一アイデアであったとしても、それが瞬く間にかつ自由自在にチームの中を流れていき、価値を判断できる人のところまで到達し得るしくみがあるということです。

米国のベストセラー作家でアル・ゴア元副大統領の首席スピーチライターも務めたダニエル・ピンク氏は『モチベーション3・0』で、新しい時代の「やる気」を呼び起こすメカニズムについて語っています。同書によると「生存本能による動機付け」(モチベーション1・0)や「アメとムチによる動機付け」(モチベーション2・0)は機能しなくなっており、自律性、熟達、目的のみが人をやる気にさせるというのです。

年若い社員であれ、ベテランであれ、プロジェクトの全体像の中で生き生きとしていられることで、チームは構造としての強さを持ちます。

職場の明るさやチームの絆の強さがつくる、希望のトーン・アンド・マナーは欠かせません。

陰険な職場の、たとえばダサくて威圧的な上司が威張り散らしているような狭い会議室を想像してみてください。

チームメイトが仲間内で陰口を叩き合っているような暗い雰囲気で、何かセンスのいいアイデアや発想が生まれると思いますか。


「この人は自分の実力を引き上げてくれる」

「この人のいうことを信じることができる」

「この人のためにひと肌脱げる」

そういった人間関係をデザインできることも「新しい潮流」に乗る大切なスキルであり、私たちはそこでも「創造性」や「センス」を問われているのです。

# おわりに

今から約三年前、２００8年の秋の気配も深まる10月のおわり頃だったと思います。私はあるマーケティング関連のビジネス書の著者に、まさに手紙を書こうとしていました。それは、ちょうどこんな感じで……。

「あなたの取材も、論考も大変に興味深く、感銘を受けました。実務にも大変参考になりそうです。さて、お手紙差し上げた件ですが、結論として述べられている『仮説』に大きな疑問を感じています。つまり、その結論には、欠陥があると思うのです。

（略）」

その手紙を結局、私は出し損ね、そして今、三年が過ぎようとしています。

「三年前に出せなかったその手紙」の内容について、本書の冒頭でお話しした「三種の神器」のたとえですべてを語ることができます。

新しい広告プラットフォームとしてのデジタルメディア登場、ソーシャルメディアの隆盛というまさに現在の状況を未来予測していたその書籍の帯には「クリエイティブの終焉」といった趣旨の文字が躍っていました。

その当時の私の「違和感」というのは、まさにそこで、この新しい時代にこそクリエイティブ、つまり、本書でお話をしてきたようなデザインや創造性が欠かすことのできない「宝」になると確信して疑わなかったからです。

デザインについての可能性について、ひとりでも多くの人に伝えたい、専門職でない広く一般の人がデザインを知り、その力の恩恵に預かってほしいという強い願いは、一冊目の著書『視覚マーケティングのススメ』を書いたときから、一ミリもずれることはありません。

今回、ソフトバンク新書さんからいただいたこの、すべての人に「デザインセンスを身につけてもらい、お仕事や生活に生かしていただく」という企画は、私の長年の願いそのものでした。編集担当の織茂さんには、そのみごとな手綱さばきで、現在、私の持っている限りの、すべてのデザインメソッドを、短期間で引き出していただきました。感謝の気持ちは言葉では言い尽くせません。

そういった意味で、出せる限りの力を出し尽くせたという満足感で、今、私はいっぱいです。残りのゲラチェックさえなければ、もう、今すぐ乾杯して大騒ぎしたい。スキップして、踊って、広い芝生の上で大の字になって歌いたい。きっと、ここまで読んでくれたあなたに「この思い」は伝わったと思うから。

最後に一つだけ、迷宮の話を。

人間、誰でも、堂々巡りはいやなものです。今日のような厳しい世相では、コストだって削減しなくてはいけない、ノルマだって達成しなければならない。しかも、めまぐるしく変化する情報社会においては、目の前の扉を開けても開けても出てくるのは次の扉。一つ開けたら、また待ち受けるのは次の扉という「迷宮」状況にはまりがちです。デザインはここでもあなたを助けてくれます。

迷宮であれば多くの場合、俯瞰図（真上から見た図、鳥瞰図などともいいます）とコンパスを手に入れることで、その忌々しい苦しみから解放されます。

入り組んだ道、次々に現れる重い扉、絡み付く蔦や、蛇やゴーストがひそむ、そんな迷宮であったとしても、もしも、あなたが「俯瞰図」と「コンパス」を持っているとしたらどうでしょう。今、自分がどこにいて、どこに向かっているかがわかっているという事実は、物事を加速させるだけでなく、足取りに力を与えます。

これが、すなわち「グランドデザイン」を持つということの強みです。

あなたの明日が、輝くものであることを願って止みません。そして、何か見えない壁のようなものにぶちあたったら、いつでもここに戻ってきてください。

２０１１年８月

ウジ　トモコ

著者略歴

## ウジトモコ

ウジパブリシティー代表。アートディレクター。広告代理店および制作会社にて三菱電機、日清食品、服部セイコーなど、大手企業のクリエイティブを担当。1994年ウジパブリシティー設立。デザインを経営戦略として捉え直し、採用、販促、ブランディング等で飛躍的な効果を上げる「視覚マーケティング」の提唱者。ビジュアルディレクターとして数多くの企業の新規事業開発、事業転換期のデザイン戦略を立案。視覚戦略を駆使したパフォーマンスの高いクリエイティブに定評がある。視覚マーケティングを軸にしたノンデザイナー向けデザインセミナーも多数開催。著書に『視覚マーケティングのススメ』(クロスメディア・パブリッシング)、『売れるデザインのしくみ――トーン・アンド・マナーで魅せるブランドデザイン』(ビー・エヌ・エヌ新社)などがある。

ウェブ　http://uji-publicity.com/
ツイッター　http://twitter.com/UJITOMO

ソフトバンク新書　174

## デザインセンスを身《み》につける

2011年9月25日　初版第1刷発行

著　者：ウジトモコ
発行者：新田光敏
発行所：ソフトバンク クリエイティブ株式会社
〒106-0032　東京都港区六本木 2-4-5
電話：03-5549-1201（営業部）

装　丁：ブックウォール
組　版：風工舎
印刷・製本：図書印刷株式会社

落丁本、乱丁本は小社営業部にてお取り替えいたします。定価はカバーに記載されております。本書の内容に関するご質問等は、小社学芸書籍編集部まで書面にてご連絡いただきますようお願いいたします。


ISBN 978- 4-7973-6707-2